Performative Kultur

Jörg Volbers

Performative Kultur

Eine Einführung

Dr. Jörg Volbers
Freie Universität Berlin
Berlin
Deutschland

ISBN 978-3-658-01071-3   ISBN 978-3-658-01072-0 (eBook)
DOI 10.1007/978-3-658-01072-0

Die Deutsche Nationalbibliothek verzeichnet diese Publikation in der Deutschen Nationalbibliografie; detaillierte bibliografische Daten sind im Internet über http://dnb.d-nb.de abrufbar.

Springer VS
© Springer Fachmedien Wiesbaden 2014
Das Werk einschließlich aller seiner Teile ist urheberrechtlich geschützt. Jede Verwertung, die nicht ausdrücklich vom Urheberrechtsgesetz zugelassen ist, bedarf der vorherigen Zustimmung des Verlags. Das gilt insbesondere für Vervielfältigungen, Bearbeitungen, Übersetzungen, Mikroverfilmungen und die Einspeicherung und Verarbeitung in elektronischen Systemen.

Die Wiedergabe von Gebrauchsnamen, Handelsnamen, Warenbezeichnungen usw. in diesem Werk berechtigt auch ohne besondere Kennzeichnung nicht zu der Annahme, dass solche Namen im Sinne der Warenzeichen- und Markenschutz-Gesetzgebung als frei zu betrachten wären und daher von jedermann benutzt werden dürften.

Lektorat: Dr. Cori Mackrodt, Daniel Hawig

Gedruckt auf säurefreiem und chlorfrei gebleichtem Papier

Springer VS ist eine Marke von Springer DE. Springer DE ist Teil der Fachverlagsgruppe Springer Science+Business Media
www.springer-vs.de

Inhaltsverzeichnis

1 **Performative Kultur – eine Forschungsperspektive** 1
   1.1 Das Versprechen des Performativen 1
   1.2 Die Kulturalisierung des Geistigen 4
   1.3 Gliederung des Textes 9

2 **Performative Kultur – Eine Begriffsbestimmung** 11
   2.1 Die Wende zur Kultur 11
   2.2 Kultur als „Text" 13
   2.3 Die performative Wende 15

3 **Drei Leitpositionen des „Performativen"** 19
   3.1 Austin: Performative Sprechakte 20
   3.2 Derrida: Die sprengende Kraft der Zitation 23
   3.3 Performativität und Aufführung 29
   3.4 Eine Arbeitsdefinition 32

4 **Butler: Performative Identitätsbildung** 37
   4.1 Gibt es ein natürliches Geschlecht? 38
   4.2 Die performative Konstruktion des Geschlechts 41
   4.3 Travestie als subversive Praxis 44
   4.4 Rezeption und Kritik 47
   4.5 Literaturhinweise 48

5 **Bourdieu: Performativität des Sozialen** 49
   5.1 Performativität als soziale Autorität 50
   5.2 Performativität als strategischer Einsatz 52
   5.3 Der praktische Grund der Performativität 53
   5.4 Soziologie als Entmystifizierung 56

	5.5	Rezeption und Kritik	58
	5.6	Literaturhinweise	60
6	**Die performative Kraft des Rituals**		**61**
	6.1	Was ist ein Ritual?	63
	6.2	Durkheim: Ritual als Vergemeinschaftung	65
	6.3	Turner: Übergangsrituale	67
	6.4	Gemeinschaft und Ambivalenz	70
	6.5	Liminalität	73
	6.6	Rezeption und Kritik	74
	6.7	Literaturhinweise	76
7	**Schlussbetrachtung**		**77**
Literatur			**81**

Performative Kultur – eine Forschungsperspektive

1.1 Das Versprechen des Performativen

Der Begriff des „Performativen" hat Konjunktur in den deutschsprachigen Geisteswissenschaften, und nicht nur dort. Gerade in der Verbindung mit kulturwissenschaftlich orientierten Analysen ist die Rede von der Performativität als „Leitbegriff" oder „Schlüsselbegriff"; und es häufen sich Publikationen, die sich aus performativer Perspektive bestimmten Praktiken oder Phänomenen zuwenden, wie etwa der Wissenschaft oder dem Recht.[1]

Trotz dieser offensichtlichen Attraktivität, die der Begriff seit nun fast vier Jahrzehnten ausübt, zeichnen die jeweiligen Ansätze je ganz andere Gestalten des Performativen. Es besteht zwar eine weitgehende Einigkeit in der Minimaldefinition: Performativität ist das Phänomen, dass „Wirklichkeiten", auf die sich bestimmte Handlungen beziehen, erst *im Akt* dieser Bezugnahme – erst durch den Vollzug der jeweiligen Handlung – hervorgebracht werden. Immer noch erhellend und prägend ist in dieser Hinsicht das kanonische Beispiel der Sitzung, die mit den nur scheinbar beschreibenden Worten „Die Sitzung ist eröffnet" erst *als* Sitzung Wirklichkeit wird. Die sprachliche Beschreibung erzeugt hier das Beschriebene in ihrem Vollzug, sie wirkt – so der Minimalkonsens – performativ.

Dieser „Kern" bleibt jedoch, wie schnell deutlich wird, im Grunde unverständlich. In ihm sind höchst kontroverse und schwer zu bestimmende Grundbegriffe investiert: Was heißt hier „hervorbringen"? Was heißt hier „Wirklichkeit"? Und wie nehmen Akte „Bezug"? Drei Fragen, die Grundprobleme der Sprachphilosophie, der Ontologie und der Metaphysik aufwerfen. So verwundert es nicht, wenn in den jeweils ausformulierten Ansätzen des Performativen schließlich ganz andere As-

---

[1] Von einem „Leitbegriff" etwa spricht Kleiner (2013, S. 17). Performativität in der Wissenschaft thematisiert Tkaczyk (2011); Performativität im Recht ist das Thema von Müller-Mall (2012).

pekte oder Dimensionen betont werden. Je nach theoretischer Grundausrichtung kann das Performative mehr sprachphilosophisch, stärker dekonstruktiv oder eher medial ausgedeutet werden; und diese Auflistung ist bei weitem nicht erschöpfend. Der Kerngedanke des Performativen lässt viele Deutungen zu.[2]

Bei aller Vieldeutigkeit hat es aber seinen Grund, dass das Performative in so vielen Diskursen aufgegriffen worden ist. Diese Einführung geht davon aus, dass der Begriff des Performativen eine wichtige und gerade für das Verständnis von Kulturphänomenen essentielle Dimension des Handelns und Verstehens einfängt. Entsprechend folgt diese Einführung einem roten Faden: Sie geht von der Annahme aus, dass der Begriff eine so starke Verbreitung fand und findet, weil er ein für den Blick auf die Kultur ganz wesentliches *Versprechen* verkörpert. Das Performative erlaubt, Kultur in ihrem Wandel zu erfassen, ohne diesen Wandel wieder durch Maßstäbe oder Prinzipien erklären zu müssen, die das kulturelle Geschehen gleichsam „von außen" lenken. Ein solcher externer Maßstab kann das Gesetz des Marktes, das Prinzip zivilisatorischen Fortschritts, oder auch einfach die intelligente Rationalität souveräner individueller Akteure sein. Der Begriff der Performativität steht nicht für die These, dass diese Faktoren *keine* Rolle spielten. Mit ihm wird aber darauf insistiert, dass es auch Faktoren gibt, die sich nicht auf solche überkulturell lenkenden Kräfte reduzieren lassen, und die entsprechend einer genuin kulturellen (oder sprachlichen) Eigenlogik folgen. Mit diesem Versprechen verbinden sich im Begriff des Performativen zwei große Trends des 20. Jahrhunderts: Der konstruktivistische Gedanke, dass unser Verständnis der Wirklichkeit wesentlich kulturell und sprachlich geformt ist, und der spätmoderne Verzicht auf kultur- und geschichtsübergreifende Entwicklungsgesetze. Pointiert gesagt: Performative Kulturbetrachtung ist Kulturalismus minus Teleologie.[3]

Bereits in dem oben vorgestellten Minimalkonsens „des Performativen" zeichnet sich diese Doppelrolle ab. So schreibt Erika Fischer-Lichte ganz im Geiste der Minimaldefinition, performative Handlungen seien symbolische (also sinnhafte) Handlungen, die „diejenige Wirklichkeit, auf die sie verweisen, erst hervorbringen" (2012, S. 44). Performative Vollzüge sind also weltbildende Vollzüge *sui generis*. Ihnen wird eine gewisse Eigenständigkeit zugesprochen: Die durch sie geschaffenen

---

[2] Für eine ausgreifende Diskussion der Unterschiede vgl. Hempfer (2011) und die Einleitung von Wirth (2002).

[3] Diese Darstellung soll nur das *Versprechen* des Performativen einfangen. Sie kann bei weitem nicht der Komplexität gerecht werden, die sich bei vertiefender Betrachtung ergibt: Etwa nach der Rückfrage, was hier „Konstruktivismus" heißt, oder ob „kulturell" und „sprachlich" direkt vergleichbare Dimensionen sind. Diese Fragen können und müssen diskutiert werden, doch sie stellen sich erst vor dem Hintergrund, dass der Begriff des Performativen einen *strange attractor* bildet, dessen Anziehungskraft geprüft werden muss.

1.1 Das Versprechen des Performativen

Wirklichkeiten – oder schwächer formuliert: die durch sie hervorgebrachten neuen Verständnisse – sind demnach nicht vollständig durch bereits gegebene Strukturen, Prinzipien oder Akteure zu erklären. Die *Vollzüge selbst*, die konkreten Ereignisse und Handlungen, bleiben unverzichtbar zur Erklärung des gesuchten Phänomens. Das „Performative" steht auf diese Weise für den Gedanken eines produktiven Wandels, der sich nicht einfach unter allgemeinen Prinzipien subsumieren lässt. Es bedarf immer auch des einzelnen, konkreten Vollzuges, der *sich selbst* die Wirklichkeit schafft, auf die er sich bezieht.

Dies ist der rote Faden, dem diese Einführung folgen wird. Sie sieht in dem Begriff des Performativen ein Versprechen verkörpert, das innerhalb der theoretischen Landschaft der Geistes- und Sozialwissenschaften des 20. Jahrhunderts eine nachvollziehbare Anziehungskraft ausübt. Ob dieses Versprechen des Performativen schlussendlich gehalten werden kann, ist eine zweite Frage. Wenn der Begriff des Performativen nicht in eine leere Floskel abdriften soll, erfordert die Rede von „Wirklichkeiten" und ihrem „Hervorbringen" ein klares Bewusstsein der philosophischen Komplexität der Thematik. Schließlich geht es nicht darum, dass sich irgendetwas ändert (eine These, die zudem niemand besonders aufregen würde); eine performative Blickweise hebt vielmehr hervor, dass sich kulturelle Prozesse und Dynamiken auf eine *bestimmte* Weise vollziehen, die von anderen Vorgängen und Entwicklungen abzugrenzen ist. Nur durch die Ausarbeitung dieser *spezifischen Pointe* des Performativen lässt sich vermeiden, dass das Performative in einen unproduktiven eindimensionalen Konstruktivismus mündet, für den einfach „alles selbstgemacht" ist. In den folgenden Theoriedarstellungen wird davon ausgegangen, dass ein so starker Konstruktivismus nicht nötig ist. Eine liberale Lesart ist bereits interessant genug. Demnach erzeugen performative Handlungen bestimmte *Verständnisse* oder *Sinnstrukturen* der Wirklichkeit, also neue sinnhafte Perspektiven. Die wichtige philosophische Frage, wie sich dieser Sinn schließlich zur „Welt" verhält, deren Teil er ist, kann im Rahmen einer solchen Einführung nicht beantwortet werden.[4]

Es wird deutlich, dass der Begriff des Performativen nicht für eine *Theorie* oder ein Paradigma steht. Hilfreicher ist es, ihn als eine spezifische *Perspektive* zu ver-

---

[4] Die philosophische Herausforderung besteht darin, einen überbordenden Konstruktivismus ebenso zu vermeiden wie den Rückfall in einen Realismus, der sprachliche und andere Weisen des Weltverstehens nur noch als Abbild einer von diesen Akten unabhängigen Wirklichkeit versteht. Ein vielversprechender Kandidat für eine solche Mittelposition ist in performativer Perspektive der Pragmatismus, der bei aller Bindung des menschlichen Verstehens an das „menschliche Maß" der Praxis doch durchaus einen Blick für die Kontingenz und die Erfahrungsbindung alles Denkens bewahrt. Für eine Übersicht der aktuellen Pragmatismusrezeption vgl. Rölli (2012).

stehen. Das Performative ist eine theoretische Blickhilfe, ein Betrachtungswinkel, von dem aus kulturelle Phänomene angesehen werden (können). So spricht auch Fischer-Lichte von einer „performativen Sichtweise auf Kultur" (2012, S. 33) und von einem heterogenen „Theoriefeld" (2012, S. 41) des Performativen. Indem wir dieses Theoriefeld abschreiten, werden wir nicht nur etwas über „das Performative" erfahren, sondern Einblick in zentrale philosophische und geisteswissenschaftliche Themen erhalten, die das 20. Jahrhundert beschäftigten.

1.2   Die Kulturalisierung des Geistigen

In dieser Einführung geht es nicht um das Thema des Performativen im Allgemeinen. Wir nehmen hier bereits einen ganz speziellen Blickwinkel ein: Nicht irgendetwas wird performativ gesehen, sondern *Kultur*. Mit dieser ersten Festlegung ist es bereits möglich, den Begriff der performativen Kultur in eine allgemeine theoriegeschichtliche Entwicklung einzureihen, die das zwanzigste Jahrhundert prägte. Denn der Begriff der „Kultur", wie er hier gebraucht wird, entspringt einem vergleichsweise neuen Verständnis menschlicher Interaktion und Intelligenz. Zu Beginn des letzten Jahrhunderts setzte sich in den philosophischen, soziologischen und geisteswissenschaftlichen Debatten Europas und der Vereinigten Staaten die Einsicht durch, dass die klassisch neuzeitliche Auffassung des „Geistes" oder des „Subjektes" defizitär sei und einer Neuformulierung bedürfe. Die neuzeitliche Tradition bündelte all jene Leistungen, die gewöhnlich mit der menschlichen Intelligenz verbunden sind, in einer gesonderten Sphäre des „Bewusstseins", des „Geistes" oder des „Mentalen". Diese Sphäre gilt es demnach zu untersuchen, wenn es um Phänomene wie Sprachverstehen, Zeichengebrauch, absichtliches Handeln oder logisches Schließen geht. Wahlweise als „Vernunft", als „Geist" oder als „Subjektivität" adressiert, wurde sie als genuiner Forschungsgegenstand der, wie es im Deutschen so schön heißt, „Geisteswissenschaften" angesehen.[5] Konsequent weitergedacht, führt diese Auffassung schnell zu einer in der Theorie immer deutlicher werdenden Trennung jenes „Geistes" von der „Welt" oder der „Materie", auf die er sich bezieht. Diese Absonderung des Geistes von der Welt zog als theoretische Konsequenz eine als zutiefst problematisch empfundene tiefe Isolation, ja Spaltung des Denkens, Meinens und Handelns von der wirklichen Welt nach sich.

Gegen diese Tendenz wurde um die Jahrhundertwende (1900) von verschiedenen Seiten her versucht, mit neuen theoretischen Ansätzen wieder „zu den Sachen

---

[5] Der Ausdruck „Geisteswissenschaft" wurde durch Wilhelm Dilthey populär und hat bisher, trotz zahlreicher Versuche, keinen erfolgreichen Ersatz gefunden.

1.2 Die Kulturalisierung des Geistigen

selbst" – so eine Formulierung der Phänomenologie Husserls – zu gelangen. Das Denken und Handeln, so der Gedanke, darf nicht durch falsche theoretische Vorannahmen vollständig von der Welt isoliert werden. Es sei der wahre „Skandal" der Philosophie, so typisch etwa der Philosoph Martin Heidegger, dass sie sich immer wieder darum bemühe, den „Zusammenhang" des Subjekts mit der Welt philosophisch zu beweisen.[6]

In dieser Grundkonstellation entstanden zahlreiche, teilweise stark unterschiedliche philosophische Ansätze: die Lebensphilosophie, der Pragmatismus, die Phänomenologie oder etwas später die Sprachphilosophie. Der Begriff der Kultur stellt einen Querschnitt zu all diesen Ansätzen dar. Keineswegs ist es so, dass alle Autoren und Autorinnen, die einem der aufgezählten Disziplinen zuzurechnen sind, Kultur zu ihrem Grundbegriff erklärten. Und doch trugen all diese Strömungen zu einer im späten 20. Jahrhundert schließlich weit verbreiteten kulturorientierten Perspektive bei, nach der geistige Phänomene eben nicht isoliert „geistig" betrachtet werden können, sondern irreduzibel gebunden bleiben an sprachliche, soziale, praktische und materielle Bedingungen. Geistige Phänomene lassen sich nicht unabhängig von diesen Verhältnissen untersuchen oder verstehen. Auf diesen kleinsten gemeinsamen Nenner gebracht, begreift eine kulturtheoretische Perspektive geistige Leistungen somit primär als kulturelle.

„Kultur" ist nach diesem neuen Verständnis nicht einfach ein Synonym für das Soziale, wo der Mensch als Gemeinschaftswesen betrachtet wird.[7] Potenziell umfasst der Begriff darüber hinaus die Beziehungen der Gruppe(n) zu den Artefakten, die sie verwenden, zu den Räumen, in denen sie leben, und zu den Symbolen und Praktiken, die allgemein das kulturelle Leben strukturieren. Negativ formuliert, droht dieser weit gefasste Kulturbegriff, alles in sich einzuschließen und jede Kontur zu verlieren. Positiv ist zunächst festzuhalten, dass hier einfach die Welt angesprochen ist, in der sich Menschen immer bewegen, und das nach allem uns Bekannten auch zwangsläufig: Eine Welt der Menschen, Bedeutungen, Gebräuche und Dingen.

Dieser weite Kulturbegriff hat, wie jede theoriegeschichtliche Innovation, viele Nebenstränge und Vorläufer – etwa Hegels Philosophie des Geistes und von ihm ausgehend der Marxismus. In der auch uns noch geläufigen Perspektive entwickelte

---

[6] Der wahre Skandal liege also nicht darin, so Heidegger im Jahre 1926, dass der Beweis nicht gelungen sei, sondern *„daß solche Beweise immer wieder erwartet und versucht werden"* (Heidegger 1979, S. 205).

[7] Die Unterscheidung von „Kultur" und „Gesellschaft" ist notorisch problematisch, da beide für sich beanspruchen, eine umfassende konstitutive Dimension des Geistes zu artikulieren. Eine Übersicht über die Schwierigkeiten einer Abgrenzung, und zugleich eine Reflexion über kulturelle Artikulationen dieser Differenz, bietet Jörn Ahrens (2012).

sich der kulturtheoretische Blick dennoch erst zu Beginn des letzten Jahrhunderts. Zur vollen Blüte kam er sogar erst in der Nachkriegszeit, in der er reflexiv als *cultural turn* der Geistes- und Sozialwissenschaften identifiziert wurde. Mit dieser kulturalistischen Wende werden wir uns im nächsten Kapitel ausführlicher beschäftigen. Hier soll vor allem plausibel gemacht werden, dass dieser *cultural turn* keineswegs als eine isolierte Entwicklung zu verstehen ist. Er ist Teil eines grundlegenden Perspektivwandels, der sich auch in Theorien und Ansätze artikuliert, die ihre Blüte deutlich vor der selbstbewussten Verkündung jener „Wende zur Kultur" hatten. Nehmen wir das Beispiel der Philosophie des Pragmatismus. Der Pragmatismus ersetzt – wie es bei John Dewey im Jahre 1929 heißt – das „kontemplative" Idealbild des Wissens und Erkennens durch eine Theorieperspektive, die sich auf praktische Eingriffe in einer prinzipiell immer bedrohlichen Welt konzentriert. Der wissende Geist wurde, um es mit einer von Richard Rorty später eingeführten Metapher auszudrücken, nicht mehr als ein passiver „Spiegel der Natur" verstanden, der die Wirklichkeit bloß abbildet. Vielmehr hebt der Pragmatismus die interne Verbindung von Wissen, Glauben und Handeln hervor. Wissen und Überzeugungen stehen demnach der Welt nicht gegenüber, wie es der klassische Begriff des weltabgewandten „Subjekts" nahelegt, sondern sind mit ihr durch das Handeln pragmatisch verwoben. Eine Weise, diese neue Sicht auf den Geist auszudrücken, ist die Behauptung, dass Wissen kein isolierbarer mentaler Zustand ist. Etwas plastischer drückt es Dewey selbst aus, der die These formuliert: „Hände und Füße, Apparate und Instrumente aller Art sind ebenso Teil des Denkens wie Veränderungen im Gehirn" (Dewey 2004, S. 102).[8]

Ein weiterer Ansatz, der die kulturtheoretische Perspektive repräsentiert, ist die Spätphilosophie von Ludwig Wittgenstein.[9] Sie verankert in einer mit dem Pragmatismus vergleichbaren Bewegung individuelle geistige Zustände in einer kollektiven Praxis des gemeinsamen Verhaltens. Sinn, Bedeutung oder auch individuelle Absichten werden nach dieser Auffassung ihrer *Form* nach kulturell und praktisch etabliert.[10] Bei aller Kraft, das Gegebene zu überschreiten – etwa durch die Phantasie –, bleibt nach dieser Auffassung der menschliche Geist „konstitutiv", wie es in einer sehr abkürzenden Redeweise oft heißt, an diese Wirklichkeit gebunden. In sprachphilosophischer Diktion bedeutet dies, dass wir nur deshalb sinnvoll

---

[8] Auf die Nähe des pragmatistischen Ansatzes zu Latours Aufwertung der Rolle von Artefakten weist Antje Gimmler (2008) hin.

[9] Oft wird bei Wittgenstein zwischen einer „frühen" Phase unterschieden, in der er das Buch *Tractatus Logico-Philosophicus* verfasste, und einer „späten", die in den *Philosophischen Untersuchungen* kulminierte und den Praxisbegriff in das Zentrum rückte.

[10] „Und eine Sprache vorstellen heißt, sich eine Lebensform vorstellen" (Wittgenstein 1971, S. 19).

1.2 Die Kulturalisierung des Geistigen

über die Welt reden können, weil wir sprachliches Verständnis nur in und durch die Auseinandersetzung mit der Welt erwerben können – Sprache und Welt sind nicht, wie es einige radikal konstruktivistische Positionen nahelegen, dichotomisch voneinander getrennt, sondern stehen in einem unhintergehbaren wechselseitigen Zusammenhang.[11]

Die *performative* Perspektive ist vor dem Hintergrund dieser allgemeinen Entwicklung zu verstehen. Es wurde bereits dargestellt, dass die performative Sichtweise die Eigendynamik, gewissermaßen die Eigenständigkeit praktischer und symbolischer Vollzüge zu erfassen versucht. Es wird nun deutlich, dass diese Sichtweise eine naheliegende Allianz mit der kulturalistischen Grundausrichtung eingeht: Wie bei der Wende zur Kultur geht es beim Performativen darum, Wandel und Prozesse so zu verstehen, dass sie *nicht* auf einen von diesen Vorgängen unabhängigen Ursprung zurückgeführt werden. Die performative Fragestellung fügt sich somit in die subjektkritischen Prämissen eines kulturorientierten Ansatzes ein: Neue Bedeutungen, alternative Verständnisformen und allgemein der Wandel von Kultur und Gesellschaft lassen sich unter kulturtheoretischem Vorzeichen nicht mehr ausschließlich dem Subjekt oder Individuum zuordnen. Innovationen, Umbrüche oder allgemein geschichtliche Prozesse sind nicht (oder in einer abgeschwächten Variante: nicht nur) das Resultat individueller kreativer Eingriffe in den Lauf der Welt.

Freilich ist die Einsicht nicht neu, dass umfassendere soziale Prozesse nur durch Strukturen oder Prinzipien zu erklären ist, die nicht mehr auf den Ursprung eines individuellen Bewusstseins zurückgeführt werden können. Sie stellt gleichsam den Gründungsakt der Soziologie dar, einer Disziplin, die sich im 19. Jahrhundert akademisch etablieren konnte, und sie wurde auch vor dieser Institutionalisierung insbesondere für historische Reflexionen immer wieder herangezogen.[12] Die performative Perspektive radikalisiert diesen Aspekt jedoch, in dem sie die bis zu einem gewissen Grad unvorhersehbare *Eigendynamik* der beobachtbaren kulturellen und praktischen Prozesse hervorhebt, die keinen einfach zu identifizierenden Urheber mehr kennt. Diese Logik wirkt ohne Subjekt, insofern ihre Effektivität nicht

---

[11] Georg Bertram und seine Mitautoren (2008) zeigen diese Entwicklung innerhalb der Sprachphilosophie auf, die sich im Verlauf des 20. Jahrhunderts zunehmend von der Idee einer „autonomen", der Welt gegenüber nicht verpflichteten Sprachstruktur abwendet und sich darauf konzentriert, die (wie es die Autoren nennen) „Welthaltigkeit" der Sprache herauszuarbeiten.

[12] Klassische Verweise sind hier Emile Durkheims Soziologie (etwa Durkheim 1995) oder Leo Tolstois (1985) Darstellung der Schlachten des napoleonischen Krieges als ein Geschehen, das nicht nur unabhängig, sondern sogar auch *gegen* den individuellen Willen sich vollzieht.

mehr durch den individuellen oder kollektiven Willen erklärt wird. Sie wird aber auch nicht mehr auf *eine* dominante kulturelle Sphäre oder auf soziale Hierarchien zurückgeführt, die – wie die Ökonomie im Marxismus – gleichsam „von oben" die kulturelle Ordnung determinieren. Eine performativ orientierte Kulturbetrachtung sieht die kulturelle Ordnung nicht als die Verwirklichung einer Superstruktur, noch nimmt sie von vornherein genuine soziale Prinzipien an, die in Kollektiven am Wirken sind (wie z. B. Rationalität). Sie begreift kulturelle Phänomene vielmehr als immanente Prozesse, in denen *kraft ihres eigenen Vollzuges* jene scheinbar feststehende Ordnung erst Wirklichkeit wird. So behauptet etwa die Performativitätstheoretikerin Judith Butler, dass die Aufteilung der Menschen in zwei Geschlechter nur dem Anschein nach „natürlich" und feststehend ist. Tatsächlich handele es sich bei dieser Natürlichkeit um eine Illusion, die den performativen Konstruktionsprozess der Zweigeschlechtlichkeit verdeckt.

Der Ansatz der Performativität lässt sich vor diesem Hintergrund durchaus der „Postmoderne" zuordnen. Er teilt grundlegende postmoderne Intuitionen: Er schränkt die Macht des Subjekts ein, seine Souveränität im Verstehen und Handeln, und hebt stattdessen die Eigendynamik der Zeichen, der Praxis oder allgemein der kulturellen Prozesse hervor. Entsprechend ist dieser Grundansatz insbesondere von Autoren affirmativ aufgegriffen und diskutiert worden, die der Postmoderne nahestehen oder – wie etwa Derrida – als zentrale Figuren der Postmoderne gelten. Im Folgenden soll die Leitthese der Performativität daher unter anderem im Rückgriff auf diese Klassiker weiter entwickelt, ausdifferenziert und somit ausführlicher dargestellt werden. Diese Autoren – wie etwa auch die bereits erwähnte Judith Butler – bilden bereits einen Kanon, der immer wieder in einschlägigen Sammelbänden und Einführungen zum Thema herangezogen wird.

Aus der hier eingenommene Perspektive ist es jedoch eine Verkürzung, sich auf den spezifisch postmodernen Diskurs „des Performativen" zu beschränken. In dieser Thematik spiegelt sich, wie bereits deutlich geworden ist, eine systematische Frageperspektive, die auch unabhängig vom engeren Gebrauch des *Ausdrucks* „performativ" Bestand hat und daher fruchtbar mit anderen Theorietraditionen des zwanzigsten Jahrhunderts in Beziehung gesetzt werden kann. Nach dieser Lesart lässt sich eine performative Perspektive somit auch bei Autoren finden, die mit dem Wort selbst nicht in Berührung gekommen sind – eben etwa bei dem Sprachphilosophen Wittgenstein.[13] Umgekehrt ist zu bemerken, dass das Wort „Performativität" in den Debatten, die sich im engeren Sinne mit ihm beschäftigen, oft nur noch ein Schlagwort ist, dessen theoretischer Mehrwert schwer zu bestimmen ist. Es sind solche Überlegungen, die es erforderlich machen, das Thema der „per-

---

[13] Vgl. dazu die Beiträge von Jens Kertscher (2003) und Jörg Volbers (2011).

formativen Kultur" vorrangig als eine spezifische Sichtweise einzuführen, als eine Fragestellung, die einer allgemeinen internen und externen Theoriedynamik des 20. Jahrhunderts Rechnung zu tragen versucht, die über die „Postmoderne" im engeren Sinne hinausgeht.

1.3 Gliederung des Textes

Die vorliegende Auswahl an Themen, Texten und Autoren folgt der skizzierten systematischen Perspektive. Das Thema „Performative Kultur" soll als Leitfaden dienen, mit dessen Hilfe sich verschiedene Ansätze und Positionen auch dann zueinander in Bezug setzen lassen, wenn das Wort „Performativ" bei ihnen gar nicht explizit vorkommt.

Die nächsten beiden Kapitel stellen das systematische Verständnis des Performativen auf eine tragfähige theoretische Grundlage. Kapitel 2 führt näher in die kulturtheoretische Betrachtungsweise („cultural turn") ein und zeigt, worin die „performative Wende" der Kulturtheorie genau besteht. Kapitel 3 führt vor diesem Hintergrund in drei Auffassungen des „Performativen" ein, die die Diskussion geprägt haben. Vorgestellt werden Austins sprachphilosophischer Begriff des Performativen, Derridas dekonstruktive Variante sowie die insbesondere durch Erika Fischer-Lichte populär gewordene Verortung des Performativen in sogenannten *cultural performances*, also in öffentlichen, theateranalogen Aufführungen. Im Anschluss an diesen Parcours des Performativen wird eine Arbeitsdefinition der These der „Performativität" kultureller Ordnungen vorgeschlagen. Sie soll helfen, die oft ausufernde Begrifflichkeit der Performativität fasslich zu bündeln und die nachfolgenden Erläuterungen zu fokussieren.

Nachdem auf diese Weise der Theoriekern der „Performativen Kultur" abgesteckt wurde, gehen die folgenden Kapitel auf einzelne Autoren und konkrete Themenfelder ein. Diese Texte zu Judith Butler, Pierre Bourdieu und den Ritualtheoretikern Émile Durkheim und Victor Turner sind als Einzelstudien lesbar. Sie führen am Leitfaden des Performativen in die Grundgedanken des Werkes der jeweiligen Autoren ein. Auf diese Weise soll deutlich werden, dass das Performative eine tragende Rolle in ihrer Theoriebildung einnimmt und nicht nur einen Seitenstrang darstellt. Zugleich zeigt sich im detaillierten Durchgang der Positionen, wie unterschiedlich die Grundthese performativer Kulturbildung ausfällt, wenn sie an konkreten Themenbereichen und Fallbeispielen diskutiert wird.

Auch wenn die Fallbeispiele performativer Kulturtheorie als Einzeltexte konzipiert sind, die weitestgehend selbständig funktionieren sollen, ist für ihr Verständnis die Lektüre des Grundlagenteils (Kap. 2 und 3) unverzichtbar. Dort werden die philosophischen Fundamente gelegt, auf die in den Einzelstudien immer wieder erläuternd zurückgegriffen wird. Nicht zuletzt wird auch in den Fallbeispielen die im Grundlagenteil eingeführte Arbeitsdefinition herangezogen, um die spezifisch performative Seite der jeweiligen Ansätze zu beleuchten.

Es kann sein, dass die Lektüre des Grundlagenteils noch viele offene Fragen hinterlässt. Solche Verständnisprobleme sollten liberal gehandhabt werden; vor allem sollten sie nicht zum Anlass genommen werden, die Lektüre der Einzeldarstellungen aufzuschieben. Eine gute Orientierung bietet die Annahme, dass sich die Grundlagentexte und die Ausführungen zu den einzelnen Autoren wechselseitig erläutern. Die philosophischen Überlegungen sind sehr allgemein und gleichsam ungesättigt; die Einzelstudien liefern Beispiele und Anschauungsmaterial. Sie helfen, die zunächst abstrakten Darstellungen besser einzuordnen und zu verstehen.

Für den Fall, dass die Einzeldarstellungen ein Interesse wecken, über den engeren Kontext des Performativen hinaus zu gehen, sind am Schluss der entsprechenden Kapitel weiterführende Hinweise angefügt. Sie sollen den Weg zu einem vertiefenden Selbststudium eröffnen.

Performative Kultur – Eine Begriffsbestimmung

2.1 Die Wende zur Kultur

Der Begriff der „Kultur" hat im zwanzigsten Jahrhundert eine starke Aufwertung und Verbreitung gefunden, die sich nicht zuletzt darin spiegelt, dass er heute in zahlreichen akademischen Kontexten fest zum Repertoire gehört. Es gibt eine institutionalisierte Wissenschaft der Kultur, die aber meist im Plural genannt wird: Kulturwissenschaften. Die „Kulturwissenschaft" als ein einzelnes, eigenständiges Fach ist eine deutsche Besonderheit; im anglophonen Kontext findet sich eine Vielzahl von unterschiedlichen Ansätzen und Disziplinen, die hierzulande oft als „kulturwissenschaftliche" oder „kultursoziologische" Theorien klassifiziert werden. Zu ihnen zählen die *Cultural Studies* (die sich vor allem mit der Alltagskultur beschäftigen und nicht mit der Kulturwissenschaft im deutschen Sinne zusammen fallen), *Queer Studies, Postcolonial Studies, Science and Technology Studies, Space Studies* und *Visual Studies*.[1]

Diese Auflistung zeigt, dass der Kulturbegriff keinen klaren Gegenstandsbereich markiert. Was jeweils als „Kultur" firmiert, ist stark abhängig von der Perspektive und den angewandten Untersuchungsmethoden. Daher ist es sinnvoll, den Kulturbegriff als eine Leitorientierung zu verstehen, die sich in den bestehenden Sozial- und Geisteswissenschaften seit den 1970er Jahren zu etablieren begann und schließlich auch zu einer Ausdifferenzierung neuer Fächer führte. Obgleich heute auch zahlreiche deutsche Klassiker wie der Soziologe Georg Simmel im Rückblick als Wegbereiter dieser „kulturwissenschaftlichen Wende" gelten, ist diese Bewegung vom angloamerikanischen Kontext der Nachkriegszeit ausgegangen und wird daher oft als der *cultural turn* der Sozial- und Geisteswissenschaften bezeichnet.[2]

---

[1] Eine Übersicht bietet Moebius (2009) sowie Nünning und Nünning (2008).
[2] Vgl. Bachmann-Medick (2010), die der auch hier schematisch eingeführten „‚Meistererzählung' des ‚Cultural Turn'" (2010, S. 8) die gegenläufigen Differenzierungsprozesse inner-

Warum fand der Kulturbegriff, der zuvor kaum eine tragende Rolle spielte, in den letzten hundert Jahren eine solche Verbreitung? Eine sinnvolle Annahme ist, dass die kulturwissenschaftliche Perspektive eine Modernisierung des traditionellen geisteswissenschaftlichen und soziologischen Denkens darstellt.[3] Kategorien wie „Geist", „Nation" oder „Gesellschaft" erschienen nicht mehr zeitgemäß für eine globale Wirklichkeit, die sich mit der unabweisbaren Realität und Komplexität unterschiedlicher Kulturen konfrontiert sah. Traditionelle Versuche, diese Pluralität durch einheitliche Fortschrittsgeschichten des Abendlandes zu leugnen, haben sich nicht zuletzt auch durch die beiden Weltkriege diskreditiert. In der Kritik standen insbesondere Verallgemeinerungen der Art, dass die Zivilisation eine einheitliche Dynamik aufweist, an deren Ende – als Spitze und damit höchste Stufe ihrer Entwicklung – der Westen steht. Der Kulturbegriff bietet somit vor allem den Vorteil, eine wertneutrale Perspektive einzunehmen, die sich von solchen umfassenden Theorien der Moderne distanziert.[4]

Mit dem Kulturbegriff in der heutigen Verwendung ist die Abkehr von der Idee verbunden, es gebe ein einheitliches Subjekt „die Menschheit" oder anthropologische Universalien, die vorgeben, wie sich eine Gesellschaft zwangsläufig entwickeln muss. Der *cultural turn* hat insofern Teil an der Postmoderne als soziohistorisches Phänomen. Er speist sich aus der Erfahrung der Zersplitterung der Gesellschaft in viele Teilbereiche; aus dem Eindruck, dass traditionelle Werte und Orientierungen an allgemeiner Verbindlichkeit verloren haben; aus der Wahrnehmung zunehmend unversöhnlicher widerstreitender Positionen und Rationalitäten selbst innerhalb einer Gesellschaft. Der Kulturbegriff bietet sich an, um die relativen Grenzen solcher unterschiedlichen Perspektiven zu markieren. Diese Grenzen manifestieren sich nicht nur in unterschiedlichen Überzeugungen, sondern sind – eben das ist ein Kern der postmodernen Erfahrung – in der ganzen Lebenspraxis verkörpert. Ein „Hippie" der 70er Jahre vertrat nicht einfach andere Ansichten als die Mehrheitsgesellschaft; er „kultivierte", wie man hier treffend sagt, einen ganz anderen Lebensstil. Der Kulturbegriff gibt somit einen Rahmen vor, der es erlaubt, die komplexen Zusammenhänge zwischen den Handlungen der Akteure einer „Kultur" und ihren Überzeugungen zu untersuchen, ohne dabei sofort beurteilen zu müssen, ob bestimmte semantisch identifizierbare Annahmen richtig sind oder nicht. Insofern gab der *cultural turn* dem Diskurs der Postmoderne selbst einen großen Schub.

---

halb dieser Theoriebewegung entgegenhält.

[3] Den deutschen Weg der Kulturwissenschaft als „Modernisierungschiffre" im Kontext der internationalen Diskussion zeichnen Böhme/Matussek/Müller (2000, S. 11–33) nach.

[4] Eine Übersicht der theorieinternen Entwicklung der Kulturtheorie bietet Reckwitz (2006).

Es sollte deutlich geworden sein, dass dieser Begriff der „Kultur" nicht mit den Produkten der bürgerlichen Hochkultur (Oper, Theater, „ernste Musik") gleichzusetzen ist, wie es selbst heute noch im deutschen Feuilleton üblich ist. Auch wird hier nicht das angeblich „kultivierte" Verhalten der Mitglieder der westlichen Zivilisation einem demgegenüber „wilden" oder „primitiven" Verhalten der Mitglieder anderer Kulturen vorgezogen. Vielmehr steht er für eine weitgehend *formale* Auffassung von Kultur, die versucht, sich auf jene Faktoren und Bedingungen des Geistigen zu konzentrieren, die in der traditionellen Perspektive ausgeblendet werden. Zu diesem formalen Verständnis gehört die bereits erwähnte Annahme, dass sich „Geist" nicht nur in der europäischen oder amerikanischen Hochkultur finden lässt. An die Stelle des normativ aufgeladenen Verständnisses, das Kultur gleichsetzt mit „bedeutenden" kulturellen Phänomenen, tritt ein neutraler Begriff des *Sinns*. Er eröffnet einen kulturspezifischen Zugriff auf so unterschiedliche „Kulturprodukte" wie ein Buch von Thomas Mann, ein Voodoo-Ritual, die Selbstinszenierung von Jugendlichen in ihren Subkulturen oder die praktische wissenschaftliche Arbeit im Labor.

2.2 Kultur als „Text"

Die formale Kulturauffassung, die für den *cultural turn* bestimmend ist, begreift Kultur allgemein als einen „Komplex von Sinnsystemen" (Reckwitz 2006, S. 84), als eine (offene) Ordnung sozial instituierter Werte, Bedeutungen und Wissensformen. Diese Ordnung wird vor allem zu Beginn des *cultural turn* vorrangig als ein Zeichen- und Symbolsystem gedacht, also unter Aussparung der materiellen und körperlichen Dimension des Kulturellen, die erst später in den Fokus geriet. Dieser Beginn stand ganz in der Linie der sprachphilosophischen Grundausrichtung der Geisteswissenschaften in der Nachkriegszeit. Ihr Grundgedanke ist, dass Sinnzusammenhänge nicht als abbildende Beschreibungen oder Repräsentation einer „tiefer liegenden" kulturellen Wirklichkeit verstanden werden können.

Für dieses Kulturverständnis hat sich der Ausdruck „Kultur als Text" eingebürgert, der die Sinndimension dieser Kulturauffassung einfängt. Dieser Ausdruck ist missverständlich: Hier geht es gerade nicht um die Annahme, die Kultur sei ein Text, der eine von dieser Kultur selbst unabhängige Wirklichkeit zum Ausdruck bringt (zum Beispiel mit expressiven oder symbolischen Mitteln). Vielmehr steht dahinter die philosophische These, dass es keinen authentischen, sprachunabhängigen Zugang zur Wirklichkeit gibt. Alles Verstehen und jeder Sinnzusammenhang, einschließlich der Wahrnehmung von Handlungen, Gegenständen und Sachverhalten, setzt nach dieser Auffassung ein unhintergehbares (oft implizites) Netz von Bedeutungen voraus. Kultur als Text zu verstehen, bedeutet somit nicht, sie als Abbild oder Darstellung kulturunabhängiger Verhältnisse zu begreifen. Doch in einer Hinsicht ist dieser Ausdruck äußerst treffend: Das bedeutungsorientierte Kulturverständnis lässt kulturelle Prozesse und Verhältnisse mit einem Schlage *lesbar* werden. Das gesellschaftliche Leben, die erfahrene Wirklichkeit der Akteure, ist der Theoretikerin der Kultur nicht mehr *prinzipiell* unzugänglich. Ein Grund für die Attraktivität des Ansatzes, Kultur als Text zu verstehen, ist die geradezu handstreichartige Verabschiedung der Annahme eines prinzipiell verschlossenen „Inneren" des Subjekts. Die Symbole, Zeichen und Bedeutungszusammenhänge liegen objektiv oder zumindest objektivierbar vor, als Ausdrucksformen, mit denen sich eine Gesellschaft selbst interpretiert, als Sinnsysteme, deren Rekonstruktion keine besondere Gabe der Einfühlung erfordert. Auch wenn die subjektive Perspektive der Erfahrung und des Handelns von den meisten Vertretern dieser Position nicht geleugnet wird, kommt ihr jedoch methodisch nur eine nachrangige Bedeutung zu. Maßgeblich für die Lebenswirklichkeit der Handelnden sind die allgemeinen Sinnzusammenhänge, insofern sie die Bedeutungen bereitstellen, die den Akteuren die Wirklichkeit erschließen und ihre Handlungen orientieren.

Die so entstandenen Kulturtheorien werden auch als „semiotisch" bezeichnet, denn sie legen den Schwerpunkt auf die symbolischen (d. i. in Zeichen verkörperten) Zusammenhänge, in denen sich Kultur artikuliert. Einzelne Handlungen und Ereignisse werden dann *durch* diese übergreifenden Sinnsysteme erklärt, die ja – so der Gedanke – den kognitiven Möglichkeitsraum und die als bedeutungsvoll erfahrene Wirklichkeit der Akteure prägen und strukturieren. Die Kulturtheorie geht von einem methodischen Primat des objektiven Sinns gegenüber den Handlungen und Ereignissen aus, die diese Sinnzusammenhänge reproduzieren.

Die Textmetapher sollte also nicht essentialistisch missverstanden werden. Es wird nicht behauptet, dass alle kulturellen Phänomene Text *sind*. Vielmehr wird der Zugriff auf eine Kultur in ihrer ganzen Bandbreite – von Handlungen, Praktiken, Stilisierungen, Bildern bis hin zu Texten im eigentlichen Verständnis – am Leitbegriff des Verstehens von Sinnzusammenhängen orientiert. Durch dieses formale Verständnis, das Kultur weitgehend mit der sozialen Konstruktion von Sinn überhaupt gleichsetzt (auch wenn die Vokabel „Konstruktivismus" heute nicht mehr gern gesehen wird), rückt „Kultur" auf zu einem Arbeitsbegriff für alle Disziplinen, die sich mit Sinn beschäftigen.

2.3 Die performative Wende

Von der Leitmetapher „Kultur als Text" ausgehend lässt sich der Begriff der Performativität, und damit die Konstruktion „Performative Kultur", als eine Korrektur des Kulturverständnisses *innerhalb* des *cultural turn* beschreiben. Wenn wir den textorientierten Kulturbegriff voraussetzen (der sich analytisch als überaus fruchtbar erwiesen hat), dann stellt sich die Frage, wie die symbolische Ordnung – ein „Gewebe" von „selbstgesponnenen Bedeutungen"[5], wie es der Ethnologe Clifford Geertz bezeichnet – in der konkreten Praxis der Kultur verankert ist, der diese Ordnung zugeschrieben wird. Wie hängt die theoretisch isolierte Ebene der Bedeutungen und Zeichen mit den konkreten Handlungen und Erlebnissen zusammen, die sich den Akteuren als ihre Lebenswirklichkeit darstellt?

Die performative Perspektive nähert sich diesem Themenkomplex unter dem Gesichtspunkt der spezifischen *Dynamik*, durch die eine kulturelle symbolische Ordnung überhaupt erst etabliert wird. Anstatt von einem übergreifenden System der Sinnzusammenhänge als beobachtbares objektives Resultat auszugehen, wird danach gefragt, welche speziellen Praktiken, Prozesse und Kräfte diese semiotischen Strukturen ins Leben rufen und am Leben erhalten. Umgekehrt wird auch danach gefragt, welche Rückwirkungen die konkrete Verwendung der Zeichen und Symbole auf die kulturelle Praxis hat. Unterstellt wird somit, dass die von der Theorie isolierte Sinnstruktur – der kulturelle „Text" – sich faktisch nicht von selbst versteht. Sie bedarf, so die Annahme, einer womöglich tagtäglichen Arbeit der Reproduktion und Organisation.

Freilich können auch Theorien, die nicht performativ orientiert sind, die Produktion und Reproduktion kultureller Ordnungen thematisieren. Die Besonderheit des „Performativen" liegt in der Art und Weise, wie diese Dynamik gefasst wird. Hilfreich ist hier der idealtypische Kontrast zu einer Auffassung, die *nur* den semiotisch oder hermeneutisch zu erfassenden Sinn sieht. Philosophische Theorien des Performativen sind, wie wir detaillierter am Beispiel Austins und Derridas sehen werden, vor allem durch die Kritik an solchen *reinen* Sprachphilosophien hervorgegangen. Kritisiert wird die Annahme, dass die wahrgenommenen Verschiebungen im Sinngefüge ausschließlich als Veränderungen *innerhalb* der Ebene des Sinns und der Bedeutung erklärt werden können. Mit anderen Worten: Zur Debatte steht die Frage, wie sinnvoll oder logisch die Prozesse sind, in denen sich neue Sinnsysteme herausbilden.

Ein Beispiel kann diesen Unterschied illustrieren: Die klassische Wissenschaftstheorie (bis in die 1960er Jahre) versuchte, ihre Grundfrage – „Wie funktioniert

---
[5] Geertz (1973, S. 9).

wissenschaftliches Erkennen?" – in dem geschilderten Sinn ausschließlich auf der Ebene der Bedeutung, und das heißt hier: der Logik, zu beantworten. Insbesondere in den anglophonen Ländern wurde davon ausgegangen, dass Neuerungen und Fortschritte in den Wissenschaften unter Rückgriff auf logische oder argumentative Dynamiken erläutert werden müssen.[6] Die Aufmerksamkeit richtete sich somit vor allem auf die „Logik der Forschung" (Popper) als einem Mechanismus, der durch den Austausch von experimentell gestützten Gründen und Argumenten – also durch Bewegungen innerhalb der Domäne des Sinns – die bessere Position etabliert. Die Wissenschaftstheorie legt demzufolge diese Logik in ihrer Idealform frei. Wer wissenschaftlich sein will, so der Gedanke, sollte dieser reflexiv geklärten Logik folgen.

Aus der performativen Perspektive muss dagegen gefragt werden, wie diese kulturellen Prozesse und praktischen Dynamiken gleichsam „von außen" in die Domäne des Sinns einbrechen und auf diese Weise Neues produzieren. An die Stelle einer Logik der Forschung tritt ihre Praxis. Es wird vermieden, diese Praxis ausschließlich unter dem Gesichtspunkt zu betrachten, wie rational oder sinnvoll sie ist. Auf diese Weise rückt die Eigendynamik der beobachteten Prozesse und Praktiken in den Vordergrund. So untersucht die neuere Wissenschaftsforschung in explizit kulturtheoretischer Perspektive die konkreten Handlungen, in denen wissenschaftliche Erkenntnisse gefunden und stabilisiert werden. Dabei bezieht sie im Gegensatz zu ihren Vorläufern auch die Rolle der Apparate, der Räumlichkeiten (Labor, Feld) oder der visuellen Kommunikation der Forschungsergebnisse mit ein.[7]

Dieses Außen des Sinns wird für gewöhnlich in Begriffen gekleidet, die eine Distanz zum Semiotischen markieren. So zählt eine Einführung zum *cultural turn* folgende Schwerpunkte performativer Kulturbetrachtung auf: „Materialität, Kulturdynamik, Situationsbedingungen und dialogische Austauschprozesse." (Bachmann-Medick 2010, S. 38). All diesen Begriffen ist gemeinsam, dass sie auf Prozesse und Bedingungen verweisen, die sich nicht erschöpfend im Medium des Sinns rekonstruieren lassen. So kann ein Dialog zu neuem Verstehen führen, ohne dass sich angeben ließe, welche Gründe oder Argumente hier den Ausschlag gegeben haben.[8] Die Materialität, auf die im Zitat verwiesen wird, lässt sich am Beispiel der Kunst erläutern. Gerade für sie trägt die spezifische Art und Weise, *wie* etwa Farbe aufgetragen wird, konstitutiv zu der ästhetischen Erfahrung bei, die Kunstwerke

---

[6] Vgl. zu dieser Tradition Godfrey-Smith (2003). Zur kontinentalen (Gegen-)Tradition der historischen Epistemologie vgl. Rheinberger (2007).
[7] Ein repräsentativer Klassiker dieses Ansatzes der Wissenschaftsforschung ist Latour (2000).
[8] Mit Verweis auf Waldenfels gibt Gelhard (2011, S. 71–84) eine kompakte Darstellung der „kreativen Responsivität" – und damit Performativität – des Dialogs.

2.3 Die performative Wende

auslösen. Dieser Beitrag, so der gemeinsame Nenner der Aufzählung, lässt sich nicht vollständig begrifflich isolieren; er bleibt an Bedingungen der Materialität, der spezifischen Situation und des konkreten Vollzugs gebunden.

Die performative Perspektive wendet sich somit gegen die methodischen Einseitigkeiten, die das Paradigma „Kultur als Text" anfänglich kennzeichnete. Diese Opposition sollte aber nicht missverstanden werden: Der *performative turn* ist eine (Selbst-)Korrektur *innerhalb* des kulturtheoretischen Paradigmas und erkennt die konstitutive Rolle allgemeiner symbolischer Ordnungen weiterhin an. Er interessiert sich jedoch mehr für jene oszillierende Grenze, an der sich diese symbolischen Ordnungen erst herausbilden, und die überschritten werden muss, um neue Ordnungen zu generieren.

Ein Sammelbegriff, unter dem sich die Bandbreite performativer Dynamiken sprachlich kompakt fassen lässt, ist der „Vollzug". Performative Analysen weiten den Blick auf die kulturelle Praxis aus, indem sie diese primär als ein eigenständiges Vollzugsgeschehen untersuchen. *To perform* bedeutet im Englischen auch: *etwas vollziehen*. Mit dieser Umfokussierung ist die kulturtheoretische These verbunden, dass diese konkreten Vollzüge und einzelnen Akte in der Summe zu der sozialen Wirklichkeit und ihrer kulturellen Ordnung beitragen. Die Vollzüge lassen sich nicht auf die unselbständige Rolle einer bloßen Verwirklichung vorgängiger sozialer oder sprachlicher Strukturen reduzieren. Eine „performative" Praxis folgt nicht – oder besser: nicht nur – vorgegebenen Intentionen, Regeln und Maßstäben; sie generiert diese vielmehr mit, trägt zu ihnen bei. Wie diese Idee näher ausformuliert werden kann, soll im Folgenden gezeigt werden.

Drei Leitpositionen des „Performativen" 3

Der Begriff des Performativen hat seine Wurzeln in der Sprachphilosophie der frühen Nachkriegszeit, wurde aber schnell über diesen engeren Kontext hinaus von der Kultur- und Sozialwissenschaft produktiv aufgegriffen. Mit dem Übergang ins 21. Jahrhundert ist bereits kanonisch von einem übergreifenden *performative turn* der Kulturtheorien die Rede, dessen Beginn rückblickend in den 1970er Jahren verortet wird und sich spätestens in den 1990er Jahren durchsetzte.[1] Heute hat die Debatte um das Performative die traditionellen Bahnen akademischer Selbstverständigung eingeschlagen, wo der Begriff als eine mögliche Leitorientierung diskutiert wird, die mit anderen, neueren Ansätzen wie dem *spatial* oder dem *iconic turn* ins Verhältnis gesetzt wird.[2] Im Gegensatz zu diesen konkurrierenden „Wenden", deren Verkündung immer auch der strategischen Positionierung im Wissenschaftsbetrieb dient, hat die performative Perspektive die Debatte bereits nachhaltig und breit durchdrungen. Die Schlüsselwörter „performativ" oder „Performativität" sind in zahlreichen Diskussionskontexten etabliert und finden sich in der Ethnologie, Sozialtheorie, Theaterwissenschaft und Philosophie – insbesondere im Universalpragmatismus und der Dekonstruktion – sowie nicht zuletzt in der disziplinübergreifenden *gender theory*.

Die Karriere des Begriffs des Performativen wurde kritisch von der Beobachtung begleitet, dass er schwer oder gar nicht auf eine einheitliche Definition zu bringen sei. Das Wort „performativ" sei ein „essentially contested concept" (Carlson 1996, S. 1), heißt es in einer englischsprachigen Einführung; selten fehlt in Einleitungen zu Sammelbänden zu dem Thema der auch hier bereits geäußerte Hinweis, dass der Begriff „vieldeutig und schillernd" (Kertscher und Mersch 2003, S. 8) sei; eine deut-

---

[1] Meilensteine der eigentlichen Wendung der Kulturtheorien ins „Performative" sind neben Austins Sprachphilosophie die Ritualstudien Turners aus den 1970er Jahren. Zur Popularität des Begriffs hat vor allem Judith Butlers *Gender Trouble* (1990) beigetragen.
[2] Eine einschlägige Übersicht dieser „Wenden" gibt nach wie vor Bachmann-Medick (2010) in der nun 4., aktualisierten Auflage.

sche Übersicht erklärt den Ausdruck etwas förmlicher zu einem „*umbrella term* der Kulturwissenschaften" (Wirth 2002, S. 10). Auch wenn der Begriff sich nicht auf eine einheitliche Bedeutung reduzieren lässt, können mehrere Bedeutungskerne identifiziert werden, die eine allgemeine Kontur erkennen lassen. Hilfreich ist eine Aufteilung nach dem jeweiligen theoretischen Leitmodell, an dem sich die verschiedenen Analysen des Performativen orientieren. Zu unterscheiden sind hier vor allem drei prominente Ansätze: Die *sprachphilosophische* Auffassung des Performativen diskutiert vor allem die „performative Kraft" einer bestimmten Klasse verbaler Äußerungen; wichtige Referenzautoren sind hier die Sprachphilosophen Austin, Searle und Habermas. Die *dekonstruktive* Deutung konzentriert sich, oft auch in Abgrenzung von der sprechakttheoretischen Deutung, auf die destabilisierende Logik der Performativität. Für sie stehen insbesondere die Namen Derrida und Butler. Das *theatralische* Verständnis, für das im deutschsprachigen Raum insbesondere Fischer-Lichte bekannt ist, verlässt schließlich den Bereich der Sprachphilosophie und identifiziert *performance* primär mit einer Darstellung oder Aufführung im Sinne einer körperlichen Inszenierung.

Im Folgenden werden diese drei Grundformen des Performativen vorgestellt. Ziel ist es, eine erste Übersicht des Performativen zu gewinnen. Im anschließenden Kapitel wird auf konkrete Beispiele eingegangen, die diese Leitpositionen kulturtheoretisch aufgreifen. Die folgenden Darstellungen sind somit sowohl eine Auflistung dreier paradigmatischer Konzeptionen des Performativen als auch bereits eine verdichtete Zusammenfassung der Positionen und Einsichten, die im Anschluss ausführlicher entfaltet und zueinander in Bezug gesetzt werden.

3.1 Austin: Performative Sprechakte

Die sprachphilosophische Diskussion des Performativen ist in einem doppelten Sinne paradigmatisch für die Debatte um den Begriff im Allgemeinen. So führen Austins Vorlesungen mit dem sprechenden Titel *How to do things with words* (1994, im Orig. 1965; dt. Theorie der Sprechakte) überhaupt erst den expliziten Ausdruck „performativ" in die Debatte ein. Wenn auch die Grundidee der Performativität unabhängig von diesem Ausdruck Bestand hat und sich somit auch der Sache nach in früheren Diskussionen wiederfinden lassen sollte, markiert das Erscheinen des Bandes den Anfang der Performativitäts-Debatte im engeren Sinne. Paradigmatisch ist Austins Text aber auch in dem Sinne, dass sich später entwickelte Positionen immer wieder an Austins sprachphilosophischer Auffassung abstießen oder sie kritisch weiter zu entwickeln suchten, so dass diese Bedeutungsvariante ein unver-

3.1 Austin: Performative Sprechakte

zichtbarer Referenzpunkt der Debatte geworden ist. Austins kanonischer Text wird daher eingehender vorgestellt, um in der Folge die Unterschiede und Zusammenhänge aller drei Auffassungen des Performativen besser sichtbar werden zu lassen. Austins Buch hebt eine simple, aber von der anglophonen Sprachphilosophie der 1950er Jahre kaum thematisierte Tatsache hervor: Die Funktion von Sprache erschöpft sich nicht darin, Sachverhalte abzubilden; sie wird auch dazu eingesetzt, um Wirklichkeiten und Sachverhalte zu schaffen, die *ohne* das Sprechen nicht eintreten könnten. Austin führt diese Einsicht zunächst in Form eines Kontrastes zwischen zwei Verwendungsweisen der Sprache ein. Er unterscheidet *performative* Sprechakte, mit denen etwas *getan* wird, von *konstativen* Äußerungen, die nur etwas behaupten (Austin 1994, S. 1–11). Der „deskriptive Fehlschluss" (Austin 1994, S. 3) der Tradition besteht demnach darin, sich lediglich auf diese zweite Klasse von Äußerungen zu konzentrieren, was Austin im Übrigen auch als eine „Fetischisierung" (Austin 1994, S. 51) der Dichotomie von wahr und falsch bezeichnet.

Ein Beispiel für performative Äußerungen ist die obligatorische Schlussformel in der formellen Eheschließung: Die Zeremonie erfordert vom Geistlichen oder von dem Standesbeamten einen abschließenden Sprechakt, der etwa die Form annehmen kann: „Hiermit erkläre ich euch zu Mann und Frau". Ohne diesen konkreten Akt, in dem der Satz geäußert wird, kann keine Ehe geschlossen werden. Weitere Beispiele performativer Sprechakte sind Entschuldigungen, Versprechen oder Taufakte, deren Vollzug jeweils bestimmte performative Ausdrücke wie „Ich entschuldige mich" oder „Ich verspreche dir" erfordern.

Im Gegensatz zu den „Konstativa" entziehen sich diese „Performativa", so Austin, jenen logischen und semantischen Wahrheitsbedingungen, denen das übliche Interesse der Sprachphilosophie gilt. Der konstative Satz „Die Katze sitzt auf der Fußmatte" (*The cat sits on the mat*) kann, je nachdem, ob er sich auf einen bestehenden Sachverhalt bezieht oder nicht, wahr oder falsch sein. Ein performativer Sprechakt wie „Ich verspreche es dir" ist dagegen in doppelter Hinsicht[3] selbstreferentiell: Die Äußerung bezeichnet den Sachverhalt, den sie selbst verwirklicht. (den Sachverhalt, dass ein Versprechen gegeben wird), und sie *ist* als Akt bereits selbst Teil dessen, was sie beschreibt; in diesem Fall: ein Versprechen. Mit performativen Äußerungen, so fasst Austin (1994, S. 12) zusammen, tun wir etwas, indem wir etwas sagen („in saying something, we are doing something"). Mit dieser Eigenart performativer Äußerungen ist der wesentliche Kern des sprachphilosophischen Verständnisses des Performativen getroffen. „Performativität", so heißt es in einer aktuellen Darstellung, „ist die Kraft einer Äußerung, das von ihr Benannte auch

---

[3] Hier orientiere ich mich an der äußerst klaren Übersicht zu Austin, die Wirth (2002: hier: 11) liefert.

herzustellen" (Redecker 2011, S. 55). Performative Äußerungen konstituieren eine (soziale) Wirklichkeit, auf die sie sich zugleich *expressis verbis* beziehen.

In seiner näheren Analyse der performativen Kraft hebt Austin hervor, dass diese nicht allein durch die sprachliche Form der Äußerung wirkt. Ein Versprechen, eine Eheschließung oder eine Taufe können auch dann misslingen, wenn die performative Formel – wie „Ich verspreche dir…" – explizit geäußert wurde. Performative Sprechakte verweisen somit, obgleich sprachliche Phänomene, auf einen nicht-sprachlichen Kontext, von dem ihr jeweiliges Gelingen abhängt. An die Stelle der Dichotomie wahr/falsch tritt bei den Performativa die Möglichkeit zu „glücken" oder zu „verunglücken".[4] In ausführlichen Analysen zeigt Austin, dass das „Glücken" einer performativen Äußerung abhängt von einer ganzen Reihe von Umständen und Bedingungen, die weit über semantische Beziehungen hinausgehen. Eine Eheschließung etwa setzt voraus, dass eine bestimmte Konvention besteht, an der sich die Zeremonie orientiert. Die Rollen der Beteiligten müssen „stimmen"; der Standesbeamte darf etwa kein Schauspieler sein. Die Zeremonie muss, wie Austin meint, von allen Beteiligten korrekt und vollständig ausgeführt werden. Und nicht zuletzt kann eine Eheschließung selbst dann scheitern, wenn sie formal gelungen ist: Teilnehmer, die nicht die in der Prozedur implizierten „Gedanken oder Gefühle" (Austin 1994, S. 15) haben bzw. sich in ihrem späteren Verhalten nicht danach richten, lassen die performative Äußerung auf eine Weise scheitern, die Austin als „Missbrauch" bezeichnet (Austin 1994, S. 14–16). Im expliziten performativen Akt ist somit bereits eine ganze Praxis impliziert, die auf Konventionen setzt und den involvierten Teilnehmern ihr Verhalten, teilweise sogar ihre „Gedanken und Gefühle" vorschreibt. Darüber hinaus bleibt der performative Vollzug, wie *momentan* er auch ist, der zeitlichen Ungewissheit ausgesetzt, durch ein falsches Anschlussverhalten der Beteiligten doch noch zu verunglücken.

Eine kontroverse Frage, die sich an diesen Ausführungen Austins anschloss, ist die nach der genaueren Bestimmung des Verhältnisses dieser Umstände zu der performativen Äußerung, die sie begleiten. Sind die Praktiken, Konventionen und Intentionen bloß ein externer „Kontext", in dem die sprachlichen Äußerungen eingebettet sein müssen, um zu funktionieren? Eine solche Deutung legt die performative Kraft ganz in den Vollzug der Sprache, versteht sie als etwas Sprachliches. Doch diese Kraft, und damit der *Sinn,* den Sätze wie „Ich verspreche dir…" auszeichnet, kann sich andererseits nicht ohne die aufgezählten praktischen, geistigen und temporalen Verflechtungen entfalten. Eine konsequente Trennung der rein sprachlichen Form von ihren außersprachlichen Kontexten ist aus dieser zweiten

---

[4] Vgl. auch zu der Relevanz des Übergangs von Wahrheits- zu Glückensbedingungen für Austins Gesamtansatz Cavell (2002, S. 127).

Perspektive nicht möglich, da beide Seiten nicht unabhängig voneinander identifiziert werden können.[5] Wir werden auf dieses Problem im nächsten Abschnitt zurückkommen, wenn die dekonstruktive Sicht auf Performativität, die diese Schwierigkeit aufgreift, näher erläutert wird.

Wichtig für die Rezeption Austins ist noch die Tatsache, dass er in seinem Buch die anfängliche Trennung zweier separater Klassen von Äußerungen – die „Performativa" und die „Konstativa" – schließlich selbst kollabieren lässt. In einer Reihe von Ansätzen untersucht er die Tragfähigkeit seiner Ausgangsunterscheidung, um sie schließlich zugunsten einer vereinheitlichten Perspektive fallen zu lassen. Die Vorlesungen enden mit der These, dass letztlich *alle* sprachlichen Äußerungen – und damit auch die vorher ausgegrenzten deskriptiven Sätze – eine irreduzible performative Dimension aufweisen. Nach dieser umfassenderen Sicht werden mit *jedem* Äußerungsakt zwei parallele Akte vollzogen.

Aus der Perspektive der „Lokution", wie Austin es in einem sich an die Rhetorik anlehnenden Vokabular formuliert, wird mit der Äußerung *etwas* ausgesprochen: der Gehalt einer Äußerung (Knape 2000).[6] Eine solche Äußerung sei jedoch „*eo ipso*", so Austin, ein „illokutionärer" Akt, der zu verstehen gibt, *wie* dieser Gehalt aufzufassen ist (Austin 1994, S. 98).[7] Die spezifische Kraft der Performativa als eine gesonderte Klasse von Äußerungen wird auf diese Weise verallgemeinert zu einer „illokutionären Kraft", die alle Sprechakte begleitet. Wer etwas sagt, spricht immer nur *über* etwas, so die These, *indem* es auf eine bestimmte Art und Weise gesagt wird (Austin 1994, S. 99 f., 1972, S. 117). Die ursprüngliche Trennung der Äußerungen, die etwas „tun", von solchen, die etwas „sagen", wird so zu der Unterscheidung zweier Aspekte eines einzigen Äußerungsaktes (Austin 1994, S. 133).

3.2 Derrida: Die sprengende Kraft der Zitation

Austins Überlegungen, wie mit Worten etwas getan wird, sind unterschiedlich aufgenommen worden. Ein allgemein wahrgenommenes Defizit ist die mangelnde theoretische Tiefenschärfe seiner Überlegungen.[8] Austin ist ein Vertreter der sog. Philosophie der normalen Sprache (*ordinary language philosophy*), und als solcher

---

[5] Eine gute Übersicht dieser möglichen Lesarten zu Austins Text bietet Krämer (2003).

[6] Das lateinische *locutio* ist die Rede oder das Sprechen; die *elocutio* als eine der fünf kanonischen Elemente der Rhetorik beschreibt den *Stil* oder die sprachliche Gestaltung (den „Schmuck") des Gedankens.

[7] Ein dritter Aspekt des Sprechakts ist die „Perlokution", die in etwa die unintendierten Folgen der Äußerung umfasst.

[8] So etwa das abschließende Urteil einer frühen Rezension von Black (1963).

beschränkt sich seine Herangehensweise vor allem auf das Klassifizieren und Unterscheiden von verschiedenen Gebrauchsfällen der Sprache. Der amerikanische Sprachphilosoph John R. Searle unternahm daher den Versuch, Austins zögerliche theoretische Versuche mit einer ausgebauten, und das heißt hier vor allem: systematischen Theorie der Sprechakte zu ergänzen und vertiefen. Sein Buch *Speech Acts* (1969) versprach eine „full dress analysis of the illocutionary act" (1969, S. 54), also eine umfassende Untersuchung eben der performativen Dimension des Sprechaktes. Searles systematisierter Zugang wurde zum Inbegriff der eine Zeitlang sehr erfolgreichen und viel diskutierten Theorie der Sprechakte, die in Deutschland insbesondere von Habermas (1988) und Apel (1973) produktiv aufgriffen wurde.

Während die Sprechakttheorie somit Austins Intuition aufgriff, dass *alle* Äußerungen eine performative Dimension aufweisen, unterzog Derrida (2001) diese Annahme einer scharfen und zugleich doch sympathetischen Kritik. Er weist auf das bereits erwähnte Problem hin, welche Rolle der Kontext einer expliziten Äußerung zur Bestimmung ihrer performativen Kraft spielt. Dabei greift er eine Schwierigkeit auf, die sich aus der Textstrategie der Vorlesungen Austins erklären lässt. Austin entwickelt die Merkmale der Performativität – ihre konventionellen und intentionalen Bedingungen – zunächst an einer beschränkten Klasse von Äußerungen, den „Performativa". Bei diesen exemplarisch diskutierten Sprechakten wie der Taufe oder der Eheschließung fällt der rituelle und zeremonielle Charakter, und damit die sinnstiftende Rolle des Kontextes, unmittelbar ins Auge. Es ist plausibel, dass solche Performativa nur gelingen können, wenn alle Teilnehmer ihre konventionell definierte Rolle erfüllen, teilweise inklusive der vorgeschriebenen Haltung sowie Gedanken und Gefühle. Mit dem Aufbrechen der Unterscheidung zweier Äußerungsklassen zugunsten einer einheitlichen Theorie *des* Sprechaktes überträgt Austin den Ansatz, die Kraft des Performativen durch den Kontext zu erklären, auch auf den „illokutionären" Akt. Wie plausibel ist es jedoch, dieses gleichsam ritualistische Verständnis des Sprechens mit seiner starken Betonung der Konventionen auf alle Formen sprachlicher Äußerungen überhaupt anzuwenden?

Derrida legt den Finger auf ein sachliches Problem, wenn er hervorhebt, dass Austin das „Ereignis des Performativs", wie Derrida es nennt, auf einen „totalen Kontext" zurückführt. Der „Totalisierung" der Gelingensbedingung entgehe „kein *Rest*" (Derrida 2001, S. 34). Austin selbst spricht davon, eine Analyse der Gelingensbedingungen erfordere eine Berücksichtigung der „total situation in which the utterance is issued – the total speech act" (Austin 1994, S. 52). So nennt Austin als weitere Bedingungen neben der Übereinstimmung mit der Konvention die vollständige Teilnahme aller Akteure am performativen Akt, inklusive der begleitenden Intentionen.

3.2 Derrida: Die sprengende Kraft der Zitation

Die Frage ist nun, wie umfassend dieses Bedingungsgewebe vorgestellt wird. Nur im Fall stark zeremonieller Sprechakte ist es unmittelbar plausibel, dass auch wirklich *alle* Bedingungen erfüllt sein müssen; und selbst dort stellt sich die Frage, wieso einzelne Abweichungen nicht möglich sein sollten. Ist eine Ehe nicht auch dann geschlossen, wenn sich der Standesbeamte bei der Formel verspricht? Ist eine Taufe nicht auch dann gültig, wenn die Mehrzahl der Teilnehmer unreligiös ist und daher nicht die passenden Gedanken und Gefühle für dieses Sakrament hat? Austins umfassende Bedingungsliste lässt zudem unverständlich werden, wie sich solche Rituale und Zeremonien mit der Zeit ändern. Schließlich werden sie auch kreativ angeeignet und neu verstanden, ohne damit einfach zu „misslingen". Problematisch ist im Grunde daher nicht der Umfang der Liste, sondern ihre theoretische Funktion: In welchem Sinne tragen diese Bedingungen zum Gelingen bei? Was für ein Verhältnis haben sie untereinander und zum eigentlichen Sprechakt?

Für Derrida markiert Austins Totalisierung des Kontextes einen Bruch mit der ursprünglichen Intuition des Performativen. Diese zeichne sich dadurch aus, dass im performativen Akt eine „Kraft" (Derrida 2001, S. 33) wirksam werde, die in die Situation selbst eingreift und sie – performativ – verändert. Bei Performativa *besteht* ja, wie Derrida betont, die Mitteilung gerade in dieser eigentümlichen Kraft, die nicht als referenzielle und damit unselbständige Bedeutung konzipiert ist. Durch die Kontextbedingung führt Austin jedoch, so Derridas Einwand, letztlich wieder Faktoren ein, die diesen Aspekt der Selbständigkeit der eigentlichen Äußerungshandlung – ihre Kraft – wieder ausstreicht. Der Kontext wird so zum eigentlichen Souverän der performativen Kraft.

Besonders augenfällig wird diese Entwertung des konkreten Aktes bei der Bedingung, dass selbst die „Gedanken und Gefühle" der Akteure passen müssen. Hier wird die performative Kraft auf das zurückgeführt, was die Akteure wünschen, fühlen und beabsichtigen – auf den Sinn, den die Akteure in die Situation hineinlegen. Für Derrida wird damit die performative Kraft unter der Hand zu einer Funktion dieser Absichten. So kann die Performativität nicht mehr als eine eigenständige Kraft *der Sprache* angesprochen werden, die gleichsam aus sich selbst heraus Wirklichkeiten zu schaffen vermag. Sie steht, gegen Austins eigene Intentionen, wieder in der Willkür der Akteure. *Ihr* Wollen, Denken und Streben entscheidet über das Gelingen der performativen Wirkungen.

Derrida markiert diesen Punkt, indem er darauf hinweist, wie Austin mit dem Problem *unaufrichtiger* oder *unernster* Sprechakte umgeht. In diesen Äußerungen treten subjektive Intention und die performative Sprachform am deutlichsten auseinander. Austin grenzt solche Fälle aus, indem er sie als „parasitär" gegenüber dem Normalgebrauch der Sprache markiert. Wer im Theater ein Versprechen gibt, gibt nicht wirklich ein Versprechen; er zitiert gleichsam nur die Form des Versprechens, wie sie im alltäglichen (ernsthaften) Sprachgebrauch vorkommt. Austin sieht daher keinen Anlass, sich näher mit dieser „parasitären" Form des Sprechens zu beschäftigen.

In einer typisch dekonstruktiven Geste kehrt Derrida diese Bevorzugung des ernsten Sprechaktes um und argumentiert, dass von einem *gelingenden* Sprechakt überhaupt nur dann die Rede sein kann, wenn die verwendete Sprachform als wiederholbares Zitat zur Verfügung steht – als ein Zitat, das in den unterschiedlichsten Kontexten Verwendung findet; in den „unernsten" eingeschlossen. Die Möglichkeit des Zitierens ist somit gerade nicht die uneigentliche Form der sprachlichen Äußerung, d. h. ihre Abweichung. Sie gilt Derrida vielmehr als die Bedingung, ohne die überhaupt keine Sprechakte möglich sind.

Diese Argumentation zielt vor allem darauf, die Macht des Kontextes, sein logisches Primat, zu brechen. Derrida begreift den Sprechakt nicht als ein untergeordnetes Element des Kontextes, sondern als ein Zitat, dessen Bedeutung darin besteht, dass es einen eigenen Kontext impliziert. Um es an einem Beispiel zu verdeutlichen: Der Satz „Hiermit erkläre ich euch zu Mann und Frau" ist unmittelbar erkennbar als ein *typischer* Sprechakt der Zeremonie der Eheschließung. Er ist ein Zitat, dem sein idealer Kontext gleichsam eingeschrieben ist. Er steht ihm ins Gesicht geschrieben.

Diese metaphorischen Umschreibungen sollen hervorheben, dass die Verbindung des Zeichens zum Kontext keine nachträgliche Gedankenverknüpfung ist. Derrida ist nicht der Meinung, dass *erst* ein Satz geäußert wird, dem wir *dann* einen Kontext zuordnen. Auch wenn solche Schlüsse möglich sind, interessiert er sich für die bedeutungstheoretische Perspektive, dass Sätze – oder allgemein Zeichen – nur durch ihre implizite Verbindung zu solchen Kontexten *verständlich* werden. „Was wäre ein Zeichen, das nicht zitiert werden könnte?" (Derrida 2001, S. 32) Die Frage ist rhetorisch. Ein Zeichen, das nicht zitiert werden könnte, wäre *nichts*, da ihm kein bedeutungsvoller Kontext zugewiesen ist – keine Struktur, keine Beziehungen zu anderen Zeichen. Daher die Ausdrucksweise, dass das Zitat seinen Kontext „aufruft". Es geht nicht darum, dass ein Zeichen gewissermaßen magisch seinen eigenen Kontext produziert. Die These ist, dass es nur verstanden werden kann, insofern *es allein* bereits mögliche Verwendungen und Positionen impliziert – gleichsam die Spielzüge, die mit ihm verbunden sind. Wenn wir nicht wissen, was wir mit einem Zeichen anfangen können, wenn es keinen Kontext möglicher Verwendungen impliziert, dann hat es keine Bedeutung.

Diese Kraft des Zitats, einen Sinnkontext aufzurufen, wird Derrida zufolge durch Wiederholungen etabliert. Hinter dieser Annahme steht die sprachlogische Einsicht, dass *ein* gelingender Sprechakt nie alleine stehen kann und daher aus sich heraus keinen bindenden Kontext zu etablieren vermag. Es gibt keinen ursprüngli-

3.2 Derrida: Die sprengende Kraft der Zitation

chen Kontext. Kontexte müssen sich erst verfestigen, und dazu bedarf es der Arbeit der Wiederholung. Damit steht für Derrida die *Wiederholbarkeit* oder, wie er es nennt, *Iterabilität* der sprachlichen Zeichen fest als der eigentliche Ermöglichungsgrund ihrer performativen Kraft. Die Wiederholbarkeit steht logisch vor jeder Ausführung, sie – und nicht der Kontext – ist „*a priori*" (Derrida 2001, S. 40). Das Primat der Wiederholung ist der Kern von Derridas Umwertung der Rolle des Kontextes. Nicht der Kontext bestimmt die Bedeutung, sondern die Wiederholung. Damit dynamisiert Derrida das statische Bild, das er in Austins Sprachphilosophie verortet sieht. An die Stelle eines souveränen Kontextes, der die möglichen Sprechakte vorgibt, tritt ein Spiel von Zitaten, welche die bestehenden Kontexte wiederholen *und* überschreiten. Es gehört für Derrida zur Natur des Zeichens, dass es mit seinem Kontext brechen und auf diese Weise „unendlich viele neue Kontexte zeugen" (Derrida 2001, S. 32) kann. Die Kontexte bilden kein „absolutes Verankerungszentrum" (Derrida 2001, S. 32), das den Sinn der gebrauchten Zeichen gleichsam einzuhegen vermag. Sie sind strukturell der Möglichkeit ausgesetzt, überschritten zu werden.

Ausführlich begründet werden kann diese These im Kontext dieser Einführung nicht; aber ihre grundsätzliche Logik lässt sich plausibel machen. Es wurde gesagt, dass einem Zeichen – etwa dem Satz „Hiermit erkläre ich euch zu Mann und Frau" – sein Kontext eingeschrieben ist. Diese Inskription kann nun aus logischen Gründen nicht so verstanden werden, dass ein ursprünglich unbedeutendes Zeichen (gleichsam ein Leerzeichen) seine Bedeutung von außen in einer Art initialen Taufe zugeschrieben bekommt. Genau darin besteht ja Derridas Kritik an Austin: Es gibt keinen ursprünglichen Kontext. Hinsichtlich der Frage, wie das Zeichen zur Bedeutung kommt, ist damit aber auch die Möglichkeit einer ursprünglichen Taufe ausgeschlossen, etwa durch eine hinweisende Definition. Wie aber wächst dem Zeichen jetzt Bedeutung zu, wenn eine „Taufe" von außen, eine Determination durch den Kontext, ausgeschlossen wird? Derridas Antwort ist: Durch Wiederholung. Ihr kommt die Doppelrolle zu, *sowohl* die bisherigen Einschreibungen zu zitieren *als auch* neue Bedeutungen und Kontexte zu generieren. Konsequent gedacht bedeutet das Apriori der Wiederholung, dass das Zitat *ineins* reproduktiv und produktiv wirksam sein muss. Indem das Zeichen zitiert wird, nimmt es zugleich neue Anwendungsweisen und Kontexte in sich auf. Auf diese Weise wird verständlich, wie Wiederholungen schließlich feste Formen etablieren können; die Zeichen wachsen gleichsam mit den Wiederholungen heran. Zugleich impliziert diese Logik, dass diese Formen nie *endgültig* festgelegt bleiben. Da es keinen initialen Taufakt gibt, gibt es auch keine abschließende Stabilität.

Die Konsequenz dieser Auffassung ist eine Verselbstständigung des Verstehensprozesses gegenüber der kontrollierenden Kraft des Kontextes. Während Austins

Darstellung das Handeln *mit* der Sprache thematisiert, rückt Derrida das Handeln *der* Sprache in den Vordergrund. Aus der Performativität als Pragmatik des Sprachgebrauchs wird bei Derrida eine Konzeption der Eigenmächtigkeit der Sprache. Die Souveränität der zeichengebrauchenden Akteure wird depotenziert zugunsten der performativen Kraft des semiotischen Materials. Diese Auffassung sollte nicht als eine Leugnung der Möglichkeit „ernsthaften" und gehaltvollen Sprechens missverstanden werden; noch bedeutet sie, dass jedes einzelne Sprechen bereits mit seinem Kontext bricht und es überschreitet. Er hebt die *relative Eigenlogik* des Verstehens hervor und erklärt sie durch die Notwendigkeit, dass ein Zeichen kontextüberschreitend wiederholbar – iterierbar – sein muss, um Sinn zu haben.

Derrida leugnet nicht, dass Intentionen und Kontexte eine Rolle spielen.[9] Gegenüber Austin geht es ihm vor allem darum, dass seine Erklärung des Performativen zu der Konsequenz führt, dass das Performative wieder vollends den subjektiven Intentionen unterworfen und damit faktisch als eigenständige Kraft ausgehebelt wird. Es war ja gerade die Entdeckung Austins, dass die performativen Äußerungen *selbst* eine Wirkung entfalten. Derridas Konzeption der Performativität kann als eine Verteidigung dieser Grundintuition gesehen werden.

Blickt man mit diesem Resultat noch einmal zurück auf Austin, zeigt sich, dass die Quintessenz seiner Überlegungen gar nicht so weit entfernt liegt von Derridas Position. Derridas Argument stützt sich auf den Gedanken, dass die Bedingung des „totalen Kontextes" restlos erfüllt sein muss, damit ein performativer Akt seine spezifische Kraft entfalten kann. Eine solche Logik des „Erfüllens" steht aber weiterhin in der von Austin selbst stark kritisierten Dichotomie von wahr und falsch; eine Bedingung kann zutreffen oder nicht. Austin entwickelt in seinen Ausführungen aber gerade eine Alternative zu der von ihm als „Fetisch" zurückgewiesenen Unterscheidung von wahr und falsch, nämlich die Möglichkeit des Gelingens oder Misslingens.

Diese zweite Unterscheidung lässt sich nicht restlos auf die erste abbilden. Austin widmet sich in *How to do things with words* und in anderen Schriften (vgl. etwa sein *A Plea for Excuses* in Austin (1970)) immer wieder der geradezu unendlichen Vielfalt, in der scheinbar klare Feststellungen und Sprechakte doch wieder misslingen können. Dabei kommt er stets auf den Punkt zurück, dass sich diese „Logik des Misslingens" gerade *nicht* abschließend klassifizieren und kategorisieren lässt.

---

[9] „Die Kategorie der Intention wird in dieser Typologie nicht verschwinden, sie wird ihren Platz haben, wird aber von diesem Platz aus nicht mehr die ganze Szene und das ganze System der Äußerung steuern können." (Derrida 2001, S. 40) An diese Relativierung sollte vor allem gegen jene Lesarten der Dekonstruktion erinnert werden, die das Performative als ein Ereignis dramatisieren, dass sich permanent und vollständig allen Intentionen entzieht, vgl. Mersch (2003).

So wird auch die interne Entwicklung seiner Vorlesungen über die „Performativa" durch die Einsicht vorangetrieben, dass das Projekt einer erschöpfenden Ordnung der Misslingensfälle misslingt und durch immer wieder neue – oft absurde, aber eben mögliche – Eventualitäten und Betrachtungen unterlaufen wird.

So wurde vorgeschlagen, Austins Vorlesung selbst als eine paradigmatisch performative Form der Darstellung zu interpretieren: Sein Vorgehen *führt vor*, dass der Versuch einer Logik des Klassifizierens scheitern muss; die von Searle gesehene, fehlende theoretische Fundierung wäre aus dieser Perspektive gerade kein Mangel, sondern die Pointe dieses Ansatzes[10]. Die Analyse der Fehlleistungen zielt bei Austin somit nicht, wie Derrida annimmt, auf eine indirekte Bestätigung der tragenden Rolle des Kontextes. Sie lässt vielmehr, wie Cavell es formuliert, die „nahezu unendliche Verletzlichkeit menschlicher Handlungen, ihr Ausgeliefertsein an die Unabhängigkeit der Welt und die Geistesabwesenheit des Denkens" (Cavell 2002, S. 135) aufscheinen. Die Fehlleistungen zeigen, dass immer wieder „die Ausführung das Vorhaben vernichtet" (Kertscher 2003, S. 135) und durchkreuzt. Derridas Insistenz, dass der Kontext die performative Kraft nicht begrenzen kann, findet in dieser selbst performativ orientierten Lesart ihre Bestätigung in Austins eigenem Vorgehen.

3.3 Performativität und Aufführung

Der englische Ausdruck *performance* weist eine charakteristische Mehrdeutigkeit auf. Eine *performance* kann sowohl einen (erfolgreichen) *Vollzug* als auch eine theatrale *Aufführung* bezeichnen. Diese Mehrdeutigkeit macht sich die dritte Leitposition des Performativen zu Nutze, der wir uns nun zuwenden. Sie erklärt die performative Kraft nicht mehr primär sprachlogisch, sondern konzentriert sich auf die Wirkung einer *Aufführung im Vollzug*. Performativität ist in dieser Perspektive kein rein sprachspezifischer Effekt, sondern das Resultat einer durch die Aufführung bewirkten Erfahrung. Die Aufführung als Leitmodell des Performativen hat sich in zwei Kontexten etabliert, die jeweils unterschiedliche Schwerpunkte setzen.

Zum einen griff die Theaterwissenschaft den Performativitätsbegriff auf, um mit seiner Hilfe einen neuen analytischen Zugriff auf das Spannungsverhältnis des (dramatischen) Textes zur konkreten Aufführung zu gewinnen. Kritisiert wird die Auffassung, dass das Drama primär ein literarisches Werk ist, d. h. ein Text, der souverän die Bedeutungen und das Sinngefüge der Inszenierung beherrscht.

---

[10] Diese Interpretation führt Felman (2003) aus und wird von Krämer (2003) hilfreich in den Kontext der Debatte um die Interpretation Austins gestellt.

Aus performativer Perspektive wird dagegen der Vollzug der Aufführung gegenüber dem dramatischen Text privilegiert: Die Aufführung ist keine unselbständige Verwirklichung des im Text angelegten Gehalts, sondern muss als eigenständige Kategorie begriffen werden.

Mit diesem Ansatz kommen bedeutungsstiftende Elemente in den Blick, die bei einer Textanalyse unberücksichtigt bleiben. Die Erfahrung einer gelungenen Aufführung ist gleichermaßen flüchtig wie prekär. Hier sind Faktoren bestimmend wie die spezifische Atmosphäre eines Raumes, seine Lichtverhältnisse, die körperliche Präsenz der involvierten Akteure oder die materielle Beschaffenheit der Objekte (vgl. Fischer-Lichte 2003, 2012). Solche Aspekte der Aufführung gehen weit über die dem Text zu entnehmenden Sinnebene hinaus. Vor dem Hintergrund der Entwicklung und Ausbreitung der *performance arts* seit den 1960er Jahren lässt sich der Aufführungsbegriff schließlich so weit verallgemeinern, dass er sich vollständig von der Bindung an einen basalen, fundierenden Text löst. Künstlerische *performances* sind „selbstreferentiell" in dem Sinn, den schon Austin für sprachliche Performativa reklamierte: Sie zeigen, was sie selbst performativ herstellen. Die Bedeutung solcher selbständigen Aufführungen bleibt unauflösbar an ihren Vollzug gebunden.

In dieser Perspektive kann die Bedeutung des aufgeführten Werkes nicht mehr von der Erfahrung der Aufführung selbst getrennt werden. In diesem Sinne sind auch die Zuschauer, die diese Erfahrung mit vollziehen, an der Produktion der Bedeutung beteiligt. Diese theoretische Konsequenz kann sich historisch auf die spätmoderne Entwicklung des Theaters seit den 1980er Jahren berufen. Das „postdramatische" Theater (Lehmann 1999) arbeitet mit einem Theaterbegriff, der den Zuschauer selbst als Teilnehmer anspricht und fordert. Insbesondere die deutsche Theaterwissenschaft zieht hier die Konsequenz, die Trennung von Zuschauer und Schauspieler ganz aufzuheben.[11] Es wird argumentiert, dass selbst im klassischen Bühnendrama die spezifische ästhetische Erfahrung darin liegt, *im Vollzug* ein Erlebnis zu haben, dessen klar bestimmbarer Sinn sich nicht von diesem Erlebnis lösen lässt. Insofern ist der Zuschauer auch dann, wenn er nur still sitzt, als ästhetischer Rezipient aktiv an der „Produktion" des Vollzugssinnes der Aufführung beteiligt. Diese Konzeption des Ästhetischen hebt nicht das Werk hervor, sondern seine Rezeption und wird daher auch der Rezeptionsästhetik zugerechnet (Fischer-Lichte 2001).

In der Konsequenz dieser doppelten Bewegung – Ablösung vom Text, Einbeziehung des Zuschauers – hat der Begriff der Aufführung als *performance* eine

---

[11] Zum Verhältnis von deutscher und amerikanischer Theaterwissenschaft vgl. das Nachwort von Carlson in Fischer-Lichte et al. (2012).

3.3 Performativität und Aufführung

Reichweite angenommen, mit der „alle möglichen in irgendeiner Weise begrenzten Theaterbegriffe" (Kotte 2005, S. 149) überstiegen werden. Der Aufführungsbegriff tritt so als ein kulturwissenschaftlicher Grundbegriff auf, der auch jenseits der Theaterwissenschaft eingesetzt werden kann. Untersucht wurden beispielsweise die theatralisch-performative Dimension der Sprache, des Sports, der Religion, des Rituals und der Kunst. Auch die Literatur kommt so wieder in den Blick – gleichsam als rückwirkende „Performativisierung" des Phänomens „Text", das der Debatte ursprünglich als Abstoßungspunkt diente.[12]

Unterstützung erhielt diese Verallgemeinerung der Theatermetapher durch die parallel laufende Einbeziehung der Aufführungsdimension in der Soziologie und der Ethnologie. Die kulturtheoretische Orientierung am Paradigma der Aufführung begann in den 1950er Jahren und stellt die zweite Wurzel der theatralen Bedeutungsvariante des Performativitätsbegriffs dar. Zu den Klassikern dieser Tradition gehört etwa der Soziologe Erving Goffman, dessen Interaktionsanalysen auf Deutsch unter dem treffenden Titel „Wir alle spielen Theater" (Goffman 1969, im Orig. 1959) veröffentlicht wurde. Diese Richtung der Soziologie widmet sich dem sozialen Geschehen nicht aus der Perspektive der Gesellschaft als Ganzes, sondern rückt die kleinen, lokalen Strategien in den Vordergrund, mit denen sich Akteure im Alltag inszenieren. Dabei kommt der situierten, körperlichen Interaktion der Akteure das methodische Primat zu – als Teilnehmer und Zuschauer einer Aufführung im hier skizzierten weiten Sinne. Ethnologen wie Milton Singer (1955) oder Victor Turner (2009 im Orig. 1969) prägten den Begriff der *cultural performance*, mit dem sie den theatralen und dramatischen Ansatz auf die Darstellung und Produktion kultureller Bedeutung allgemein ausweiteten. Zu den *cultural performances* zählt Turner (1988) neben dem Ritual auch Theateraufführungen, Kunstausstellungen, Feste, Feiern und politische Veranstaltungen. In ihnen lassen sich, so die Idee, jene traditionell untersuchten „großen" Kategorien einer Kultur – soziale Ordnung, Tradition, die verbindliche Weltsicht der Akteure – gleichsam *en miniature* beobachten und analysieren.

Während die soziologischen Ansätze ihre Analysen weitgehend auf die symbolische Dimension der Interaktion beschränkten, führten die ethnologisch orientierten sog. kulturanthropologischen Ansätze eine neue Dimension ein: Rituale erzeugen Sinn, indem sie teilweise grundlegend in die Erfahrungswelt der Akteure eingreifen. Greifbar wird dieser Zusammenhang etwa in den sog. Übergangsritualen, die vor allem Turner in den Diskussionskontext des Performativen einbrachte. Übergangsrituale regeln den symbolischen Übergang von einem sozialen Status zum anderen – etwa vom Kind zum Erwachsenen. Turners Pointe ist, dass dieser

---

[12] Eine Übersicht über den Forschungsstand geben Hempfer und Volbers (2011).

Übergang eben *nicht* nur symbolisch zu verstehen ist. Die Rituale erzeugen in ihren Teilnehmern, also in den Zuschauern und in den betroffenen Akteuren, eine umfassende affektive Erfahrung. Diese begleitet den öffentlich symbolisierten Statuswechsel gleichsam „von innen" und treibt das Ritual voran.

In der Einbeziehung der Erfahrungsdimension zeigt sich der gemeinsame Nenner der Leitmetaphern des Theaters und des Rituals. *Cultural performances* sind öffentliche Aufführungen, die ihre performative Kraft über die Erfahrung transportieren, die sie in den beteiligten Akteuren – inklusive der Zuschauer – auslösen. So wurde dieses Modell auch auf die spezifisch ästhetische Erfahrung des spätmodernen Theaters übertragen (Fischer-Lichte 2001). Der Zuschauer wird – oft auch, indem er explizit als aktiver Teilnehmer einbezogen wird – mit widersprüchlichen Gefühlen, Ungewissheiten und schockierenden Handlungen (Selbstverstümmelung, Tabubrüche) konfrontiert. Dies kann, so die These, eine ähnlich destabilisierende und daher transformierende Wirkung haben wie die rituellen Handlungen, die von Kulturanthropologen wie Turner oder Singer analysiert wurden.

3.4 Eine Arbeitsdefinition

Die Übersicht zu den unterschiedlichen Verwendungsweisen der Ausdrücke „performativ" und „Performativität" hat ein breites Spektrum von Theorieansätzen und akademischen Disziplinen zum Vorschein gebracht, die sich trotz umfangreicher „Familienähnlichkeiten" nicht auf einen wesentlichen Begriff reduzieren lassen, der alle Aspekte in sich fasst. Gleichwohl lässt sich mit Blick auf die leitende Frage nach der performativen Dimension der *Kultur* nun eine übergreifende Definition formulieren:

Arbeitsdefinition: Eine performativ orientierte Kulturbetrachtung erklärt kulturelle Ordnung durch eine *öffentliche Logik der Strukturierung im Vollzug*.

In dieser Definition sind zwei Grundmerkmale des Performativen angesprochen, die den Gebrauch desselben Begriffes trotz teils erheblicher Unterschiede in den Theorien rechtfertigen. Das erste Merkmal wurde bereits in der Einführung in das Thema „Performative Kultur" vorgestellt und hat im Durchgang durch die einzelnen Leitpositionen Bestätigung gefunden. Die performative Kulturbetrachtung greift den sprachphilosophischen Grundbegriff der „Kultur als Text" auf, um ihn jedoch kritisch zu korrigieren. Sie geht davon aus, dass das offene Sinngefüge der symbolischen Ordnungen den einzelnen Handlungen und Akten nicht vorgelagert ist, sondern immer wieder neu hergestellt werden muss. Die Performativitätsthese ist die Behauptung, die Produktion und Reproduktion solcher Sinngefüge könne

3.4 Eine Arbeitsdefinition

nur als eine – wie es nun in der Arbeitsdefinition heißt – *Logik des Vollzugs* adäquat begriffen werden.

Austins paradigmatische Rolle für den Diskurs des Performativen ist somit nicht zuletzt auch darauf zurück zu führen, dass er diesen Vollzugsgedanken innerhalb des sprachphilosophischen Denkens einführt. Der Sprechakt verweist – wie auch die körperliche und materielle Aufführung und das Ritual – auf eine eigenständige Wirkung, die sich nicht einfach als eine bloße Aktualisierung einer vorausgehenden (sprachlichen) Struktur oder Essenz begreifen lässt. Gerade diese Vollzugslogik bringt Austin auf den Punkt, wenn er in dem ersten Untersuchungsschritt seines Buches die „Performativa" heraushebt als Äußerungsformen, die etwas bewirken, *indem* sie gesagt werden, während „Konstativa" gleichsam nur passiv gegebene Sachverhalte feststellen. Diese Unterscheidung hebt auf prägnante Weise den Grundgedanken hervor, dass performativen Akten ihre Bedeutung nicht erst durch eine Referenz von außen verliehen wird. Es ist diese relative Selbständigkeit des faktisch vorliegenden Vollzugs, die Austin beim Sprechen, Derrida im Zitat und das theatrale Modell in der Praxis der Aufführung und der *cultural performance* verorten.

Die für die Arbeitsdefinition verwendete Formulierung, dass dieser Vollzug einen *strukturierenden Effekt* hat, ist ein Versuch, die insbesondere von der Dekonstruktion und der theatralen Verwendung des Performativen hervorgehobene Dynamik des Verstehens begrifflich zu fassen. Die Effekte performativer Akte oder Aufführungen sind strukturierend, insofern sie Unterschiede produzieren: Ein Versprechen muss gehalten werden, eine Taufe weist Namen zu, eine Eheschließung hat unmittelbare formaljuristische und lebensweltliche Konsequenzen. In der weiteren Erklärung dieser Macht, strukturierende Unterschiede zu erzeugen, trennen sich die hier dargestellten Positionen des Performativen: Die Sprachphilosophie ordnet die performativen Effekte – zumindest der durch Searle verbreiteten Rezeption zufolge – allein dem sprachlich-semantischen Register zu, der Logik des Sagbaren. Dagegen ist es das Anliegen der performativen Perspektive, gerade die Spannung zwischen dem greifbaren Sinn und seiner irreduzibel performativen Form zu betonen.

Wir haben gesehen, dass auch Austins Darstellungen eine solche Perspektive nahe legen, wenn man sie als eine theatrale Inszenierung liest, die das Scheitern des klassifizierenden Geistes vorführen. Direkt angesprochen wird diese Spannung zwischen Sinn und „Materialität" in den performativen Ansätzen, die sich an der Leitmetapher der Aufführung orientieren. Sie lenkt gleichsam automatisch die Aufmerksamkeit auf die körperlichen, räumlichen und ästhetischen Komponenten solcher *performances*. Die Dekonstruktion betont dagegen mehr die anonyme Logik des Entzugs scheinbar souveräner Sinngebung und die singuläre Ereignishaftigkeit der Vollzüge. Die Ritualforschung wiederum bezieht im besonderen Maße die Gefühle und Haltungen der Akteure ein, in die Rituale eingreifen. Ob die performative Kraft tatsächlich nachhaltig strukturierend wirkt, kann in dieser allgemeinen Definition des Performativen offen gehalten werden. Wie jede Wirkung kann auch diese Strukturierung wieder verhallen.

Der Begriff der Strukturierung nimmt Partei in der Frage, ob diese Wirkungen nicht besser negativ bestimmt werden sollten, als das, was sich den sprachlichen Kategorien des Sinns oder der Bedeutung entzieht.[13] Häufig lässt sich das konzeptionelle Schema beobachten, das Performative als „Präsenz" im Gegensatz zum „Repräsentieren", als „Material" im Gegensatz zur „Bedeutung", als „Wirkung" im Gegensatz zu „Sinn" aufzufassen. Dahinter steht die Annahme, dass sich diese flüchtigen Dimensionen performativer Ereignisse kategorial von der semantischen Struktur sprachlicher oder semiotischer Bezugnahmen unterscheiden, da letztere auf Wiederholbarkeit und Generalisierung aus sind. Auch wenn es richtig ist, dass performative Ansätze immer eher dem ersten Pol dieser Dichotomien zugewendet sind, ist es unangemessen, eine von jeder Sinnhaftigkeit völlig losgelöste, „reine" Präsenz, Wirkung oder Materialität zu behaupten.[14] Diese Dichotomisierung unterläuft die methodische Pointe der performativen Perspektive: Performativität ist aus kulturtheoretischer Hinsicht nur dann interessant, wenn ihre Wirkung wieder zur kulturellen Ordnung beiträgt, und sei es im dekonstruktiven Verständnis einer irritierenden und gleichsam subversiven Neubestimmung des Sinns (*resignification*).

Das zweite konstitutive Grundmerkmal des Performativen, das die hier vorgeschlagene Arbeitsdefinition hervorhebt, ist die notwendige Bedingung der *Öffentlichkeit* der performativen Vollzüge. Ihre strukturierende Wirkung hängt davon ab, dass sie von anderen wahrgenommen oder erfahren werden. Erst dann können sie ihre spezifische Wirkung entfalten. Öffentlichkeit in diesem Sinne ist implizit in Austins Orientierung an Beispielen wie die Schiffstaufe, die immer ein Publikum voraussetzen; selbst ein Versprechen kann man sich nicht alleine geben (oder zumindest nicht mit der für ein Versprechen erforderlichen normativen Kraft). Die Öffentlichkeit wird explizit thematisch in der Leitorientierung am Aufführungsmodell, das sich dezidiert mit der Rolle des Zuschauers und dessen Beitrag zur Aufführung beschäftigt. In der Dekonstruktion wird das, was hier Öffentlichkeit genannt wird, verhandelt als die konstitutive Bedingung der „Lesbarkeit" eines Zeichens selbst bei völliger Unkenntnis seines Produzenten und dessen Intentionen.

---

[13] Diese Konsequenz zieht m. E. Mersch (2002).
[14] So der berechtigte Hinweis von Fischer-Lichte (2001, S. 338 f.); vgl. auch zu einer Kritik des „Unsagbaren" die Ausführungen in Volbers (2011).

3.4 Eine Arbeitsdefinition

Der Prozess des Verstehens wird hier nicht als die Dekodierung eines im Zeichen verschlüsselten Sinns begriffen, sondern als ein selbst Sinn konstituierendes Anschlussverhalten (Derrida 2001, S. 26; vgl. ausführlicher dazu Khurana (2007)). Der performative Vollzug steht in einem prekären Spannungsverhältnis zwischen der sinnlich-ästhetischen Wahrnehmung des Vollzugs (oder des Zeichens) und seinem kodierbaren sprachlich-semiotischen Verständnis. Die Bedeutung der Öffentlichkeit erschließt sich somit unter der genannten Voraussetzung des Performativen, dass diese Vollzüge mit Derrida *und* Austin nicht restlos als Aktualisierung einer ihnen vorgängigen Ordnung oder Regelstruktur – eines „Textes" der Aufführung, eines „Kontextes" des Sprechaktes – gedacht werden können (oder sollten). Die fehlende vollständige „Rückendeckung" durch eine den jeweiligen Vollzug bestimmende Struktur lenkt den Blick auf die konkrete sinnlich-materielle Manifestation des Vollzugs und seiner Wirkungen. An ihnen orientiert und bricht sich das Verständnis.

Hier ist ein Vergleich zwischen Zeichen und Bild hilfreich. Ein Zeichen verweist als Träger von Bedeutungen auf etwas, das von ihm logisch getrennt ist, weshalb ein Zeichen auch durch ein anderes, bedeutungsgleiches Zeichen ersetzt werden kann. Ein Bild hingegen kann nicht vollständig von seiner konkreten Darstellungsform abstrahiert werden. *Was* hier dargestellt wird, ist verwoben mit der Form, *in der es* präsentiert ist. Darauf hat insbesondere die Bildwissenschaft aufmerksam gemacht (Boehm 2006). Je weniger das Bild als Zeichen gesehen wird, als eine bloße Illustration eines Sachverhaltes, der sich auch anders darstellen ließe, desto wichtiger wird die Darstellungsweise, der Stil. Die konkrete Sinnlichkeit und Zeitlichkeit performativer Akte rückt daher in dem Maße in den Vordergrund, in dem praktische Vollzüge nicht einfach nur eine ihnen vorgängige Ordnung exemplarisch vertreten, sondern konstitutiv zu ihr beitragen. Diese Wirkung können die Vollzüge nur in der exponierten Form als sinnlich-wahrnehmbare, anschlussfähige Akte entfalten, etwa als Sprechakt, Geste oder Körperinszenierung.

Ein Beispiel soll die Spannung zwischen dem „zeichenhaften" Sinn und dem *Wie* der Präsentation abschließend illustrieren. Austins Entdeckung performativer Äußerungen könnte so verstanden werden, dass es ausreichen würde, einen bestimmten Satz – gleichsam formelartig – von sich zu geben, um den performativen Effekt zu bewirken (Krämer 2003, S. 23). Die eher formal gerahmten Sprechakte wie die Schiffstaufe oder die Ehezeremonie legen einen solchen Schluss nahe, und wir werden auf die Bedeutung der Form beim Performativen noch einmal im Zusammenhang mit der Diskussion des Rituals zu sprechen kommen (vgl. unten 5.1). Stellen wir jedoch statt stark formalisierter Zeremonien eher alltägliche Handlungen in den Vordergrund, wird sichtbar, dass die bloße Wortform allein nicht ausreicht, um die gewünschte Wirkung zu erreichen.

So etwa beim Dank: Jemandem seinen Dank zu äußern erfordert, wie auch etwa eine Entschuldigung, einen durchaus komplizierten Einsatz subtiler körperlicher und stimmlicher Signale. Wenn also auf die Bedeutung der Form beharrt wird, sollten auch nicht-verbale Formen einbezogen werden. Es kommt nicht nur darauf an, *dass* Dank geäußert wird; die performative Kraft der Äußerung hängt auch davon ab, *wie* er geäußert wird. Ein schnoddriges, unachtsames Dahinwerfen der Formel „Ich danke dir" wird kaum als echte Dankbarkeit akzeptiert, wie auch die emphatische Betonung der Dankbarkeit – etwa durch eine angedeutet Verbeugungen – oft als unpassend und daher ironisierend wahrgenommen wird. Der auf den ersten Blick rein sprachliche Gehalt des Dankens erweist sich so als verwoben mit der dramatischen Inszenierung des performativen Aktes selbst. Der Einsatz von Gesten, der Stimme und der Körperhaltung kann die verbale Äußerung bekräftigen, ironisieren oder konterkarieren (Lagaay 2001, S. 92).

In dieser Inszenierung geht es nicht nur darum, den richtigen Ton zu treffen, um so einen Inhalt zu transportieren, der auch unabhängig von ihm Bestand hätte. Der spezifische Vollzug trägt auch mit dazu bei, dass dem Danken eine Bedeutung beigemessen wird – der Dank kann als tief und rührend verstanden werden, oder aber als unwillig, doch gerade hinreichend. Diese unterschiedlichen Auffassungsweisen führen zu einem ganz anderen Verhältnis zu der Person, die den Dank äußert, und damit zu einer ganz anderen Qualität des Dankes. Die sozialen Implikationen des Aktes gehen über das hinaus, was dieser ausspricht (den Dank), und sie fließen in seine Bedeutung mit ein. So ist auch die Äußerung eines Versprechens nicht unmittelbar eindeutig in seinem Gehalt. Ein Satz wie „Ich verspreche dir, pünktlich zu kommen" lässt Interpretationsspielräume offen: Wie genau ist pünktlich, was legitimiert einen Bruch des Versprechens, welche Bedeutung hat es, dass das Versprechen geäußert werden muss? Die performative Perspektive geht davon aus, dass diese Spielräume nur selten „Unklarheiten" sind, die sich durch eine genaue Definition ausräumen ließen. Im Gegenteil werden diese Spielräume als ein konstitutiver Teil des Funktionierens der Sprache und des Sinns angesehen, die sich nur unter künstlichen Bedingungen – etwa bei der Entwicklung formaler Sprachen – minimieren lassen.

Die abkürzende Formel der „sinnlich-materialen Dimension" des performativen Aktes verweist also auf diese Elemente des Stils, auf die spezifische Art und Weise, die mit zu dem beiträgt, was auf den ersten Blick bereits vollständig durch die semantisch kodierte Bedeutung der Äußerung ausgesprochen wird. Das für diese Beschreibungszwecke brauchbare deutsche Wort „Manier" ist eine Substantivierung des lat. *manuarius* und zeigt an, dass ein solcher Stil „von Hand gemacht" ist und, wie alle Handgriffe, mit mehr oder weniger Geschick vollzogen werden kann.

Butler: Performative Identitätsbildung

4

Judith Butlers Werk, und darin vor allem ihr Buch *Gender Trouble* (1990; dt. 1991 als *Unbehagen der Geschlechter*), ist ein inzwischen klassisches Beispiel einer performativ orientierten Kulturtheorie. Die breite Rezeption ihrer Position hat maßgeblich zur akademischen Etablierung des Diskurses des Performativen und seiner Popularität beigetragen. Dies ist nicht zuletzt darauf zurückzuführen, dass Butler das zunächst sehr abstrakt anmutende Leitmotiv der „Performativität" auf einen konkreten, anschaulichen und mit äußerst starken Emotionen belegten Gegenstand anwendet: auf die Natur des Geschlechts. Bei Butler geht es nicht um gelingende Hochzeiten oder entgleitende Kontexte, sondern um die Frage, wie die dominierende Aufteilung der Menschheit in zwei Geschlechter – männlich und weiblich – zu verstehen ist. Ihre Antwort ist so radikal wie missverständlich: Das Geschlecht und damit die Zweigeschlechtlichkeit, so Butler, sind performativ produziert.

Radikal ist diese These in dem Sinne, dass sie die Geschlechterverhältnisse an ihrer Wurzel (lat. *radix*) zu packen versucht. Die Grundthese von *Gender Trouble* ist, dass sowohl die kulturelle Geschlechtsidentität (*gender*) als auch die so evident wirkende anatomisch-biologische Grundunterscheidung von Mann und Frau (*sex*) performativ produziert wird. Auch das „natürliche Geschlecht" ist, um es mit Austin zu formulieren, erst dadurch Wirklichkeit, dass performativ darauf Bezug genommen wird. Als performative Akte gelten dabei nicht nur Sprechakte im engeren Sinne, sondern auch theatrale körperliche Gesten und Darstellungen, mit denen die Ordnung der Geschlechter permanent im Alltag reproduziert wird. Butler gibt dem Performativen damit eine dezidiert kulturalistische Wendung: Sie interessiert die Logik der Performativität als eine umfassend wirksame Logik der Konstruktion sozialer Wirklichkeit, die bis ins Innerste der Subjektivität hinein reicht. Für sie ist auch das scheinbar Natürlichste, der geschlechtliche Körper, letztlich die Folge einer regulierenden performativen Praxis.

Missverständlich ist diese Position, weil sie nahelegt, dass das Performative die Natur vollständig in diskursive Verhältnisse auflöst. Wenn sogar die natürliche Geschlechtsidentität performativ und diskursiv produziert wird, dann, so scheint es, wird alles zum performativen Text. Butlers Theorie ist somit immer wieder als Inbegriff postmoderner Beliebigkeit angegriffen worden – „als handele es sich [beim Geschlecht] um einen vergnüglichen Maskenball, worin wir alle nach Lust und Laune einmal Frau, einmal Mann sein können" (Carol Hagemann-White, zitiert bei Redecker 2011, S. 143). Besonders irritierend ist dabei wohl die Annahme, dass selbst der innerste und natürlichste Teil der Subjektivität, die Geschlechtsidentität im Sinne des *sex*, nach einer performativen Logik zu verstehen sei.

Die Frage nach dem endgültigen Status der Natur im Rahmen einer solchen konstruktivistischen Theorie kann hier nicht geklärt werden. Für die Zwecke dieser Einführung mag es für irritierte Leser aber hilfreich sein, sich vor Augen zu führen, dass sich Butler – wie die ganze Tradition der „Kultur als Text" – primär für sprachliche und semiotische Strukturen interessiert, weil diese die *Verständlichkeit* (Butler spricht von „Intelligibilität") kultureller Vollzüge vorprägen. Wer nicht weiß, was eine Frau ist, kann ein Verhalten nicht als typisch weiblich wahrnehmen oder abweichendes Verhalten missbilligen. Die Bedeutungen geben somit erst den Möglichkeitsrahmen vor, in dem sich den Teilnehmern einer Kultur überhaupt erst Verhalten als sinnhaft erschließt. Butlers Theorie sollte zunächst so verstanden werden, dass sie diesen Gedanken konsequent auch auf unsere Verständnis von „Natur" und „natürlichen Eigenschaften" überträgt, indem sie darauf hinweist, dass auch diese Klassifikationen sozial bedingt und in diesem Sinne diskursiv sind.

Zur Einführung in Butlers Position wird zunächst der engere Kontext umrissen, auf den die Autorin sich bezieht – die Unterscheidung von *sex* und *gender*, die aus Butlers Perspektive eben jene fragwürdige Spaltung des Subjekts in einen „natürlichen" und einen „kulturellen" Anteil vorantreibt (4.1). Zweitens wird dann Butlers These der performativen Konstruktion der Geschlechtsidentität vorgestellt (4.2), um schließlich drittens die systematische Rolle des Performativen für eine Kritik an der herrschenden kulturellen Ordnung herauszuarbeiten (4.3). Zum Ende werden kritische Einwände vorgestellt und Literaturhinweise gegeben (4.4).

4.1 Gibt es ein natürliches Geschlecht?

Der Begriff der Geschlechtsidentität wird oft auch in Deutschland mit dem amerikanischen Begriff *gender* bezeichnet (z. B. im Ausdruck *Gender-Mainstreaming*). Übersetzt bedeutet *gender* „soziale Geschlechtsidentität" und steht im Kontrast zu

4.1 Gibt es ein natürliches Geschlecht?

sex, das als die „biologische" oder „anatomische" Geschlechtsidentität fungiert.[1] In diesem Begriff ist somit eine Trennung von Kultur und Natur wirksam. So mag ein Baby zwar anatomisch als Mann und Frau identifizierbar sein; doch was es heißt, ein Mann zu sein, ist sozial konstruiert – das Kind wächst *als* Mann oder Frau auf, indem es Rollenerwartungen, Stereotypen und Verhaltensmuster übernimmt, die nicht biologischen Ursprungs sind. Es muss wohl kaum daran erinnert werden, dass diese Geschlechternormen von einer massiven Wirkung für das Leben der Einzelnen sind. Sie wirken sich nicht nur darauf aus, welche Berufe das Kind später ergreifen wird (und welche es überhaupt als „relevant" für sich erachtet), sondern regulieren das Verhältnis zum eigenen Körper (eine Frau kann doch nicht mit behaarten Beinen im Schwimmbad erscheinen!) und zum eigenen Begehren (immer noch ist „schwul" ein Schimpfwort auf deutschen Schulhöfen). Die *gender*-Thematik ist daher keineswegs ein Randthema der Kulturanalyse. Sie bringt unmittelbar zu Bewusstsein, wie stark bestimmte symbolische Grundunterscheidungen – wie etwa die Trennung von „Mann" und „Frau" – die Lebenswirklichkeit bestimmen.

Die Unterscheidung von *sex* und *gender* hat ein deutlich emanzipatorisches Potenzial. Sie verhilft zu einem Verständnis der Geschlechtsidentität, das sich von der reduktionistischen Vorstellung löst, die vorherrschenden sozial instituierten Rollen wären Ausdruck einer natürlichen Ordnung der Dinge – etwa in dem Sinne, dass Frauen durch ihre Natur dazu bestimmt seien, Kinder zu hüten. Für Butler bleibt die Spaltung der Geschlechtsidentität in eine soziale und in eine natürliche Komponente dennoch auf dem halben Weg stehen. Bei aller Anerkennung der sozialen Formung des Geschlechts durch die kulturellen Normen und Regeln orientiert sich die Kategorie *gender* weiterhin, so ihr Einwand, an das binär strukturierte anatomische Geschlecht (*sex*) mit seiner Zweiteilung von Mann und Frau. Dadurch wird der potenzielle Freiheitsgewinn des *gender*-Begriffs, die Anerkennung einer Vielfalt von Geschlechtsidentitäten, wieder zurückgenommen zugunsten einer natürlichen Zweigeschlechtlichkeit. Der ständige, aber eben nicht eindeutige Rückbezug auf den natürlichen *sex* unterwirft die Vielfalt der sozialen Geschlechterrollen, der sexuellen Praktiken und des Begehrens weiterhin der Forderung, der heterosexuellen Zweiteilung in Mann und Frau entsprechen zu müssen. Männer müssen „männliche" Rollen, Selbstdarstellungen und Begehrensmuster übernehmen, Frauen „weibliche". Und auch abweichende Vorstellungen geschlechtlicher Identität müssen sich dieser Zweiteilung unterwerfen, etwa indem die Homosexualität als eine Form des Begehrens verstanden wird, die *innerhalb* eines Geschlechts ver-

---

[1] Eva v. Redecker weist daraufhin, dass der Ausdruck „biologisches" Geschlecht irreführend ist, insofern sich „auf chromosaler und genetischer Ebene" (2011, S. 67) die binäre Unterscheidung in zwei Geschlechter nach dem derzeitigem Wissensstand der Biologie gerade nicht bestätige.

bleibt. „Alle anderen Kombinationen haben", wie eine Butler-Interpretin klarstellt, dadurch „von vornherein einen prekären Status, weil sie in ihrer ‚Uneinheitlichkeit' nicht jene ‚Eindeutigkeit' an den Tag legen, die allein das Identitätsideal zu erfüllen vermag" (Redecker 2011, S. 58).

Butler sucht also ein Verständnis der Geschlechtsidentität, das der Pluralität der sexuellen Orientierungen, Praktiken und Begehrensformen Rechnung trägt, ohne sie dann doch wieder in die „kulturelle Matrix" (1991, S. 38) der Zwangsaufteilung in „männlich" und „weiblich" einzuschließen. Dadurch wird die Frage der Macht aufgeworfen: Was führt dazu, dass diese begrifflichen Grundunterscheidungen eine so tief greifende Wirksamkeit entfalten können? Was verleiht ihnen eine solche Macht über die Mitglieder der Gesellschaft? Für Butler liegt ein Teil dieses Problems eben in dem residualen Naturalismus, den die Unterscheidung von *sex* und *gender* in sich birgt. Dies wird deutlich an den Schwierigkeiten, eine theoretisch fundierte Kritik an den vorherrschenden Identitätsidealen zu formulieren.

Die Unterscheidung von *sex* und *gender* legt nahe, in Übereinstimmung der Annahme eines natürlichen Geschlechts eine substanzielle „Besonderheit" des Weiblichen zu behaupten, eine weibliche Natur. Dieser „wahren Weiblichkeit" wird dann eine kulturelle Zuschreibung von Frauenrollen und Stereotypen gegenübergestellt, die sie unterdrückt. Für Butler beschreibt diese diskursive Strategie die Wirklichkeit der feministischen Theorie und Praxis (im Jahre 1990): „Für einen großen Teil der feministischen Theorie und Politik stellen die Kategorien des wahren Geschlechts, der diskreten Geschlechtsidentität und besonders der Sexualität den festen Bezugspunkt bereit" (Butler 1991, S. 190). Ein Denken in diesen Kategorien entwirft ein Idealbild der zu befreienden Frau, des weiblichen Körpers und seiner Sexualität. Dieses Idealbild muss, da es ja als normative Gegenfolie der herrschenden Verhältnisse konzipiert wird, unabhängig von „Klasse, Rasse, Ethnie oder anderen Achsen der Machtbeziehungen" (Butler 1991, S. 20) Bestand haben.

Paradoxerweise nimmt der Feminismus auf diese Weise eine weibliche Identität in Anspruch, die von jeder Kultur unabhängig ist. Damit kehrt das Postulat des Weiblichen den dominierenden heterosexuellen Diskurs im Grunde nur um. Hier zeigt sich die tief sitzende Dominanz der Unterscheidung von *sex* und *gender*: Das Gegenbild zu den herrschenden Normen wird in die vorkulturelle Natur des Körpers gelegt, in den *sex*, und dadurch doch wieder eben jener Zweiteilung der Geschlechteridentität untergeordnet, gegen die sich der Begriff des *gender* richtet. Das kritisch gedachte Postulat einer weiblichen Natur verfängt sich Butler zufolge also in die Fallstricke jenes Denkens, das es kritisieren will. Es glaubt, zur Verteidigung der eigenen Position auf eine universale Subjektivität vor jeder kulturellen Prägung zurückgreifen zu müssen. Dieses Denkschema wirkt auf jeden Fall ausgrenzend, auch dann, wenn es zu emanzipatorischen Zwecken gebraucht wird.

4.2 Die performative Konstruktion des Geschlechts

Butlers Frage ist also, ob die Geschlechtsidentität auf eine Weise verstanden werden kann, die sich nicht in die herrschenden Legitimationsmuster verstrickt und doch an dem Ziel der Emanzipation von überkommenen Rollen- und Verhaltensmuster festhält. Für ihre Antwort auf diesen Problemkomplex greift Butler zentral auf den Gedanken der Performativität zurück. Es ist wichtig zu sehen, dass das Performative für sie dadurch in einem doppelten Fokus steht. Es geht zum einen um eine Theorie der sozialen Konstruktion kultureller Ordnungen und Deutungsmuster; zum anderen wird dabei ein Verständnis kultureller Ordnungsbildung gesucht, dass die Opposition von Kultur und Natur aufgibt, weil diese ein falsches Bild der spezifischen *Macht* der kulturellen Ordnung zeichnet. Butler sucht einen Weg, emanzipatorisch an den Gedanken kultureller Konstruktion der Geschlechteridentität festzuhalten, ohne dabei die Unterdrückung des natürlichen Geschlechts behaupten zu müssen.

Das Idealbild einer natürlichen Geschlechtsidentität vor jeder kulturellen Prägung folgt einer Auffassung der Macht, die Butler mit Foucault (2001) als eine „juridische" Konzeption bezeichnet. Nach diesem Verständnis werden normative Kategorien und Deutungsmuster gleichsam „von oben" erlassen, als Schemata einer sprachlichen Struktur oder eines gesellschaftlichen Systems. Diese Schemata sind nach dieser Auffassung den einzelnen Akteuren hierarchisch übergeordnet. Sie wirken auf die Akteure oder ihre Körper ein und bestimmen die Kategorien, in denen sie wahrgenommen werden. Entscheidend ist die Unterstellung einer unterdrückenden Übermacht dieser sozialen Schemata gegenüber dem Subjekt und seinen Spielräumen des Handelns und Verstehens. Das juridische Bild der Macht kann die herrschenden Normen und Vorstellungen nur als eine Art kulturelle „Zwangsjacke" konzipieren, die einem natürlichen Körper übergestülpt wird. Der residuale Naturalismus der Unterscheidung von *sex* und *gender*, den Butler zurückweist, korreliert mit diesem juridischen Verständnis der Macht. Der Pol des natürlichen Geschlechts steht für jene Identität, die frei sein soll von den Verformungen oder Einflüssen durch das „Gesetz" der kulturellen Ordnung.

Das Problem der juridischen Konzeption ist, dass sie bei der Erläuterung jener natürlichen, vordiskursiven Identität wieder auf die diskursiven Elemente des Sinns und der Bedeutung zurückgreifen muss, die doch als kultureller Zwang eigentlich der Kritik unterliegen sollten. So verdeutlicht gerade der Fall der Geschlechtsidentität, dass der Rückgriff auf eine ursprüngliche Natur des Körpers unvermeidlich wieder jene (heterosexuelle) Struktur reproduziert, die doch durch die Einführung der kulturellen Kategorie des *gender* gebrochen werden sollte.

Mit Blick auf die einleitend vorgestellte Arbeitsdefinition des Performativen zeigt sich, dass das Performative diesen doppelten Fokus gut auf den Begriff bringen kann. Als eine *öffentliche Logik der Strukturierung im Vollzug* geht das Performative nicht von einem abstrakten Gesetz aus, das die Akteure „von oben" herab in die Normen der Kultur zwängt. Vielmehr begreift eine performative Analyse die von ihr betrachtete Ordnung als ein Normsystem, das ständig reproduziert wird, *indem* es von den Akteuren vollzogen wird. Auf diese Weise tritt an die Stelle vertikaler Machtbeziehungen, wie es das juridische Denken bevorzugt, die horizontale Logik der permanenten Reproduktion der Normen durch alltägliche Akte.

Zur Explikation dieser Logik greift Butler vor allem den Aspekt der *Öffentlichkeit* des Performativen auf. In der Logik der drei Leitpositionen des Performativen, die oben vorgestellt wurden, lässt sich Butlers Position als eine poststrukturalistische Variante der Theatermetapher einordnen. Ihr Paradigma performativer Akte ist die öffentliche Darstellung des Körpers, seine effektive sinnliche Präsenz in allen Handlungen. Butler dreht die übliche Sichtweise um: Die sichtbaren Akte drücken nicht eine „innere" Geschlechsidentität der Akteure aus (Mann oder Frau), sondern bilden eben diese durch ihre *„stilisierte Wiederholung"* (Butler 1991, S. 206) aus. Auf diese Weise erzeugen sie „die Illusion eines unvergänglichen, geschlechtlich bestimmten Selbst (*gendered self*)" (Butler 1991, S. 207). Geschlecht *besteht* somit nach dieser Auffassung aus diesen unvermeidlichen *performances*, die Tag für Tag auf der Arbeit, beim Einkaufen, auf der Bühne oder in der Familie aufgeführt werden.

Butler orientiert sich in ihrem Verständnis des Performativen an Derrida. Die performative Kraft eines einzelnen Aktes ist demnach nicht ausschließlich durch den Kontext bestimmt, der die Wirkung des Aktes noch beglaubigen muss. Vielmehr zeichnet gerade die eigensinnige Fähigkeit, auch in immer neuen Kontexten wirksam zu werden, die performative Kraft der jeweiligen Akte aus. Geschlechtsidentitäten entstehen so durch die permanente Arbeit der öffentlichen Wiederholung (Zitation) der Zeichen und damit der Konventionen ihres Gebrauchs. Diese ständige kulturelle Reproduktionsarbeit verleiht den kulturellen Normen, auf die sich die konkreten Zeichen und Gesten beziehen, erst ihre Solidität und Evidenz.

Diese Überlegung lässt deutlich werden, in welchem Sinne die „natürliche" Geschlechtsidentität (*sex*) für Butler konstruiert ist. Butler leugnet nicht, dass es anatomische Differenzen gibt. Sie wehrt sich jedoch gegen die Vorstellung, dass die herrschenden Geschlechterrollen *aus diesen Differenzen* abgeleitet werden, die damit den Status eines ursprünglichen, originalen Kontextes erhalten. Für Butler erzeugt das normative Interpretationsmuster der Zweigeschlechtlichkeit, das bei so vielen Gelegenheiten immer wieder zitiert und aufgerufen wird, erst die scheinbar unabweisbare Evidenz, dass mit dem Penis und der Vagina eine eindeutige anatomische Aufteilung der Geschlechter vorliege. Tatsächlich ist diese Eindeutigkeit nicht gegeben: Immer wieder werden Kinder geboren, die operativ erst „verein-

4.2 Die performative Konstruktion des Geschlechts

deutigt" werden müssen; und zudem ist zu fragen, warum gerade *diese* Differenz so massive kulturelle Konsequenzen nach sich zieht („Es ist ein Junge!") und nicht etwa – wie eine Butler-Interpretin fragt – die Form des Ohrläppchens (Redecker 2011, S. 68).

Die theatrale Grundkonstellation der performativen „Stilisierung" des Geschlechts unterliegt leicht zwei Missverständnissen, auf die eingegangen werden sollte. Zum einen legt die Theater-Metaphorik nahe, dass die performativen Akte der subjektiven Willkür unterliegen. Es scheint, als *wähle* das einzelne Subjekt sich seine Identität gleichsam aus, die es öffentlich zur Schau stellt – so, wie man sich seine Kleidung aussucht, bevor man aus dem Haus tritt. Obgleich Butler durchaus die Möglichkeit einer kritisch-subversiven Aneignung der herrschenden Konventionen und Codes sieht, weist sie eine solche subjektivistische Interpretation weit von sich. Bei Butler wie auch bei Derrida wird die performative Kraft einzelner Akte gerade *nicht* durch die subjektiven mentalen Zustände der Akteure kontrolliert. In Analogie zum Richter, dessen Autorität darauf beruht, *im Namen* des von ihm angewendeten Gesetzes zu sprechen, steht auch die performative Kraft der stilisierenden Akte nicht im Belieben der Subjekte. Es ist die Macht *des vollzogenen Zitats* – und nicht des Subjekts – „die der performativen Äußerung ihre bindende oder verleihende Kraft gibt" (Butler 1995, S. 297). Die Handlungsfähigkeit (*agency*) der Akteure steht im Schatten der durch ständiges Zitieren verdichteten Konventionen, in deren Rahmen allein sie agieren können.[2]

Ein zweites Missverständnis ist, die von Butler hervorgehobenen performativen Akte *nur* theatral zu verstehen – als ginge es vorrangig um ästhetische Fragen des Stils und der sinnlichen Erscheinung. Butlers Verständnis der leiblichen Präsentation ist durchgehend semiotisch und diskursiv: Auch wenn sie schreibt, dass die Geschlechtsidentität performativ *„auf der Oberfläche* des Körpers" (Butler 1991, S. 200) erzeugt wird, erläutert sie diesen Prozess damit, dass hier „leibliche Zeichen *und andere* diskursive Mittel" (1991, S. 200, meine Hervorhebung) zum Einsatz kommen. „Diskurs" oder „diskursiv" bezeichnet hier nicht die Wortsprache, sondern das System von Bedeutungen, das überhaupt erst sinnliche Erscheinungen *als* Zeichen verständlich macht. Ob diese Zeichen lautsprachlich, gestisch oder ganz anders materiell strukturiert sind, ist nachrangig. Solange eine Geste Bedeutung hat, ist sie auch dann diskursiv in Butlers Sinne, wenn wir sie nicht in Worte übersetzen können.

---

[2] Butler radikalisiert diesen Punkt noch, indem sie feststellt, dass die diskursive Subjektposition selbst – die Möglichkeit, „Ich" zu sagen – in diesem Sinne als eine Wiederholung gedacht werden muss. Die Autorität des „Ich" wird selbst erst durch Konventionen erzeugt. Es ist der „Diskurs, der dem ‚Ich' vorhergeht und es ermöglicht und in der Sprache die zwingende Stoßrichtung seines Willens bildet" (Butler 1995, S. 297).

Obgleich die theatrale Metaphorik wesentlich zum Verständnis der performativen Konstruktion der Kultur bei Butler beiträgt, ist die letzte Bezugsebene ihrer Analysen somit der *Diskurs* im hier erläuterten Sinne. Butler spricht von einer „ständig wiederholende[n] und zitierende[n] Praxis, durch die der Diskurs die Wirkungen erzeugt, die er benennt" (Butler 1995, S. 22). Auch wenn es befremdlich klingen mag, dass das Wort „Diskurs" hier in der Subjektposition erscheint, wiederholt Butler mit dieser Formulierung nur die Einsicht Derridas, dass die performative Kraft gerade *nicht* im Belieben des Subjekts liegt. Entscheidend ist das diskursive Kriterium der Verständlichkeit oder, wie Butler es nennt, der „Intelligibilität" der Person bzw. ihrer Akte. Butlers Ansatz untersucht die Bedingungen, unter denen eine bestimmte geschlechtliche Identität (schwul, lesbisch, etc.) in ihren einzelnen Akten intelligibel – also erkennbar, verständlich, identifizierbar – wird.[3]

Die Frage ist immer wieder, wie die Kategorien und Deutungsmuster entstehen, in denen sich die Akteure innerhalb einer Kultur erkennen und anerkennen können. In dieser Ausrichtung lässt sich die kulturtheoretische Grundidee der „Kultur als Text" wieder erkennen; eine These, die ja durch die performative Wende nur ergänzt, aber nicht gebrochen wird.

4.3 Travestie als subversive Praxis

Die performative Logik der öffentlichen Aufführung und Diskursivierung des Geschlechts ist, wie bereits erwähnt wurde, zweideutig. Auf der einen Seite ergibt sich aus der steten Wiederholung in den einzelnen Ereignissen insgesamt eine kulturell produzierte Stabilität, die eben jene Evidenz erzeugt, mit der sich die Annahme eines natürlichen Geschlechtes – dem *sex* – aufdrängt. Zugleich ist diese Wiederholung, wie Derrida in seiner Kritik an Austin aufzeigt, immer auch eine Rekontextualisierung. Die Kriterien zur Identifikation des Geschlechts lassen sich nicht endgültig fixieren. Gerade darin besteht ja der von Derrida behauptete Eigensinn des Performativen: Ob sich die performative Wirkung eines Aktes einstellt oder nicht, lässt sich nicht vollständig an einen umschließenden Kontext delegieren; sinnhaftes Verstehen kann sich auch performativ in neuen Kontexten ereignen, die mit den bisherigen Kontexten brechen.

---

[3] Die ‚Intelligibilität' ist, wie Paula Villa hervorhebt, keine rein erkenntnistheoretische Kategorie. „Soziologisch gewendet" bedeutet der Begriff „‚Lebenstüchtigkeit'" (2011a, S. 170). Unmittelbar sind damit die sozialen Folgen der Intelligibilität angesprochen; der Ausdruck selbst spielt dabei bewusst auf Ideologien an, die des Lebens nicht tüchtige Individuen aus der Gemeinschaft ausschließen und dabei vor dem Töten nicht zurückschrecken.

4.3 Travestie als subversive Praxis

Die performative Rekontextualisierung wiederholt nicht einfach nur das Original. Vielmehr verschiebt sie das Verständnis des Originals, das sie wiederholt. Dieser Gedanke lässt sich an der einfachen Überlegung illustrieren, dass es überhaupt erst ein „Original" gibt, wenn eine „Imitation" aufgetreten ist. Bereits die erste Wiederholung verändert so bereits den Status und den Sinn des Wiederholten. Die Imitation erzeugt das Original *als* Original paradoxerweise in dem Moment, in dem der fundierende Anspruch auf unersetzbare Originalität performativ unterlaufen worden ist – denn es konnte erfolgreich imitiert werden.

Die Performativität steht somit für kulturelle Stabilität *und* den kulturellen Wandel, eine Gleichzeitigkeit, die Butler in der rekontextualisierenden Praxis der Travestie – dem *drag* – exemplarisch verkörpert sieht. In der Travestie spielt etwa ein Mann eine Frau, inszeniert sich eine männliche Person auf der Bühne (und nicht nur dort) als weibliche. Diese Praxis ist im Feminismus durchaus nicht unumstritten, scheint doch hier erneut ein einheitliches Bild der Frau affirmativ zur Schau gestellt zu werden, und dann auch noch von einem Mann. Butler interessiert am *drag* vor allem die Widersprüchlichkeit der dadurch erzeugten Erfahrung – dass ein Körper zugleich männlich und weiblich sein kann. Diese Erfahrung widerspricht, so Butler, der „regulierende[n] Fiktion" (Butler 1991, S. 202), nach der die dominierenden heterosexuellen Geschlechtsidentitäten eine „natürliche Einheit" (Butler 1991, S. 202) von Körper und Geschlecht darstellen. Die Person auf der Bühne zeigt dagegen, dass die Wahrnehmung des Geschlechts – seine Intelligibilität – von Zeichen und Stilisierungen abhängt, die allein durch das Zitieren wirksam werden können, durch das Imitat. Auf diese Weise de-naturalisiert die Travestie (als Imitat) die scheinbar natürliche Kohärenz von Körper und Geschlecht (das Original) mit Hilfe der kulturellen Codes, die den geschlechtlichen Körper öffentlich erkennbar machen. Die Travestie, so Butler, *„offenbart [...] die Imitationsstruktur der Geschlechtsidentität als solcher – wie auch ihre Kontingenz.* Tatsächlich besteht ein Teil des Vergnügens, des Schwindel-Gefühls der Performanz [Aufführung] darin, daß man [...] die grundlegende Kontingenz in der Beziehung zwischen biologischem Geschlecht (*sex*) und Geschlechtsidentität (*gender*) anerkennt" (Butler 1991, S. 202).

Der Vorteil dieser Konzeption für eine kritische Perspektive auf die soziale Konstitution der Geschlechtsidentität liegt auf der Hand. Da eine kulturelle Ordnung nach dieser Logik des Performativen allein durch ihre stete Anwendung fortexistiert, kommt ihr nicht der Status einer unantastbaren Struktur zu, die dem einzelnen Handeln als fremde, unveränderbare Macht gegenüber steht. „Paradoxerweise eröffnet das neue Verständnis der Identität als *Effekt,* also als *produziertes* oder *generiertes* Phänomen, Möglichkeiten der ‚Handlung', die durch jene Positionen, die die Identitätskategorien als grundlegend und feststehend auffassen, insgeheim verhindert werden" (Butler 1991, S. 215). Die Logik der Zitation tilgt die Referenz auf ein fundierendes Original, auf einen absoluten definitorischen Kontext. Nicht das Original konstituiert den Sinn, sondern die Möglichkeit der Wiederholung, das Imitat, das durchaus in neuen Kontexten auftreten und auf diese Weise das performative Produkt – die Geschlechtsidentität – verändern kann. In dem Maße also, in dem die kulturelle Ordnung davon *abhängt*, immer wieder neu vollzogen zu werden, ist sie offen für die Möglichkeit des Wandels. Butler ersetzt den Zwang einer externen Struktur, die das Subjekt von außen determiniert – etwa im Sinne der Macht nach dem „juridischen" Verständnis – durch den Zwang zur Wiederholung *innerhalb* der kulturellen Ordnung. Ein Zwang, der zugleich die Freiheit eröffnet, durch Variationen „neue Möglichkeiten für die Geschlechtsidentität [zu] eröffnen, die den starren Codes der hierarchischen Binaritäten widersprechen" (Butler 1991, S. 213).

Der Preis für diese Offenheit ist – wie so oft im Poststrukturalismus – ihre Ungerichtetheit. Butlers Argumentation fußt auf der Annahme, dass die Kritik der herrschenden Geschlechtsnormen sich gerade *nicht* auf ein normatives Fundament stellen lässt, das diese gleichsam von außen – etwa aus der Perspektive einer natürlichen Weiblichkeit – in Frage stellen kann. Butler besteht mit ihrer „Subjektkritik" darauf, dass es keine vorkulturelle oder vordiskursive Subjektivität gibt, die aus einer prinzipiellen Distanz zu den herrschenden Normen operieren kann. Neue Handlungsmöglichkeiten werden vielmehr durch eine „Koexistenz oder Überschneidung" (Butler 1991, S. 213) voneinander abweichender diskursiver Sinneffekte und Forderungen erzeugt, durch „Diskurse im Plural, sofern sie im zeitlichen Rahmen koexistieren und unprädizierbare und ungewollte Überschneidungen instituieren" (Butler 1991, S. 212). Das Sinnbild solcher Überschneidungen ist die Travestie, insofern sie eben solche Widersprüche offenlegt und dadurch Handlungsmöglichkeiten *in* ihnen eröffnet. Doch diese Handlungsmöglichkeiten sind, wie Butler zu betonen nicht müde wird, immer nur in Abhängigkeit von der kontingenten Pluralität der Diskurse und ihrer kulturellen Praxis her zu verstehen: Wenn Handlungsmöglichkeiten wie Werkzeuge sind, die von den Akteuren aufgegriffen werden können, dann, so Butler, gibt es „ein Aufgreifen von Werkzeugen [nur] dort, wo sie liegen, wobei dieses Aufgreifen gerade durch das Werkzeug, das dort liegt, ermöglicht wird" (Butler 1991, S. 213). Diese zögerliche, sich immer wieder zurücknehmende Beschreibung zeigt deutlich, wie sehr Butler bemüht ist, die Möglichkeiten der Kritik – der Subversion etwa der Geschlechteridentität durch neue Praktiken – nicht utopisch aufzuladen.

4.4 Rezeption und Kritik

Die Rezeption Butlers lässt sich in zwei typische Reaktionen aufteilen, die einen je unterschiedlichen Akzent in der Lektüre setzen. Nicht zu unterschätzen ist der Eindruck, den Butlers Überlegungen auf jene Personengruppe gemacht hat, um deren „Intelligibilität" sie sich drehen: Menschen mit einer sexuellen Orientierung, die sich nicht in das binäre Schema „Mann" und „Frau" einordnen lassen, und dort insbesondere jene, die als Transsexuelle oder Intersexuelle gelten (*queer*). Butlers Theorie wurde als Befreiung empfunden, da sie es erlaubt, die eigene Identität zu denken, ohne sich mit dem Stigma der unnatürlichen Abweichung zu belasten (vgl. Redecker 2011).

Unter jenen, die Butlers Ausführungen vor allem als einen Beitrag zur Theoriebildung sehen, herrscht ein gespaltener Eindruck vor. Kulturtheoretisch orientierte Autoren begrüßten ihre Theorie performativer Identitätsbildung als eine weitere Klärung der Frage, wie die praktisch-kulturelle Konstitution von Identität, und damit von Subjektivität, näher gefasst werden kann (Reckwitz 2006, S. 708–712). Doch genau eine solche vertiefende Klärung können andere Autoren bei Butler nicht entdecken. Unter den vielen Einwänden will ich mich auf einen konzentrieren. Ein Grundproblem der Position Butlers ist, dass sie rein begriffsanalytisch bzw. dekonstruktiv arbeitet. Damit verzichtet sie auf eine nähere empirische Fundierung ihrer Thesen. Dieses Abstraktionsniveau mag mit ein Grund dafür sein, dass ihre Priorisierung des Diskurses kritisch gleichgesetzt worden ist mit einer Diskursontologie, die keine Realität außerhalb des performativ iterierten Diskurses kennt. Dies führe, so der Vorwurf, zu einer „Entkörperung" (Duden 1993) der Frau. Für Butler seien „‚ich'/‚du'/‚wir'" Epiphänomene einer *performance*, der Leistung eines stimmlosen ‚Diskurses'" (Duden 1993, S. 27).

Mit mehr Sympathie, aber durchaus denselben Punkt aufgreifend, operiert die kritische Feststellung, dass Butlers Theorie weitgehend unausgearbeitet bleibe. Obgleich Butler in der Nachfolge von *Gender trouble* deutlich zu machen versuchte, dass sie die Materialität des Körpers nicht leugnen und sie schon gar nicht auf Diskursivität reduzieren wolle (so etwa in Butler (1995)), schweigt sie sich im Detail darüber aus, wie „Diskurse [sich] zu Erlebnissen, zu Gefühlen wie Scham oder Lust" (Villa 2011b, S. 155) verhalten. Es bleibt bei der Feststellung einer konstitutiven Abhängigkeit dieser Zustände vom Diskurs und seiner Performanz. Butlers Theorie bleibt somit weitgehend abstrakt theoretisch. Sie argumentiert ahistorisch und betrachtet die performativen Prozesse der Subjektivierung allein *an sich*, nicht in ihrer geschichtlichen und gesellschaftlichen Vielfalt (Villa 2011b, S. 135 f.; Mehlmann 2006). Die konkrete räumliche, politische und praktische Situierung der Macht des Performativen bleibt unterbeleuchtet.

4.5 Literaturhinweise

- Eine äußerst klar geschriebene und auch gerade für Einsteiger gut verständliche Einführung in Butlers Denken bietet das Buch von Paula-Irene Villa (*Judith Butler*, Campus), das 2011 in einer aktualisierten Neuauflage erschienen ist. Kompakter ist der Beitrag von Villa in einem Sammelband zur Geschlechterforschung (Villa 2008).
- Eher mit einem philosophischen Schwerpunkt, aber auch anschaulich geschrieben und mit deutlicher Kenntnis der Personengruppe, die am stärksten von Butler angesprochen wird, ist die Einführung von Eva von Redecker (*Zur Aktualität von Judith Butler*, Wiesbaden 2011). Hier ist vor allem das dritte Kapitel zur Performativität für das Thema relevant.
- Butlers eigene Schriften sind eher sperrig geschrieben und voraussetzungsreich. Instruktiv ist auf alle Fälle der letzte Abschnitt von *Gender Trouble* (in der deutschen Ausgabe S. 190–208). Dazu gibt es einige frühe Aufsätze, in denen ihre Grundidee auch schon vorformuliert ist, wenn auch noch eher mit Bezug auf phänomenologische Referenzautoren (etwa Butler 1988).

Bourdieu: Performativität des Sozialen 5

Woher nehmen performative Vollzüge ihre Kraft, im Vollzug strukturierend zu wirken – neue Bedeutungen, ja, neue Tatsachen zu schaffen, die erst durch sie ins Leben gerufen werden? Austin verweist für die Klärung dieser Grundfrage des Performativen auf den Kontext, der über das „Glücken" bestimmt; Derrida und mit ihm Butler heben dagegen die Eigenlogik der Zitation hervor, die mit dem Kontext brechen kann. Obgleich insbesondere Butler diese Eigenlogik in ein kulturalistisches Grundverständnis einbettet, ist allen bisher detaillierter diskutierten Ansätzen gemeinsam, dass sie die fragliche Kraft des Performativen primär doch vor allem in Begriffen der *Bedeutung* explizieren. Eine nähere Analyse der konkreten Mechanismen und Umstände, die im Performativen kulturell wirksam sind, bleibt aus – ein Problem, auf das auch bei Butler wiederholt hingewiesen wird.

Dieser sprachorientierten Ausrichtung der performativen Kraft soll im Folgenden am Beispiel der Soziologie Bourdieus eine Alternative entgegengestellt werden. Bourdieus Theorie verschiebt die Perspektive, indem sie auf die konkreten *sozialen* Bedingungen und Konstruktionsmechanismen aufmerksam macht, die performative Äußerungen überhaupt erst ermöglichen. Obgleich auch Bourdieu der Performativität eine wichtige Rolle für die Produktion und Reproduktion der sozialen Ordnung beimisst, bettet er diesen Gedanken in eine ausgearbeitete soziologische Theorie ein, die deutliche Stellungnahmen zur konkreten sozialen Struktur der modernen europäischen Gesellschaft und ihren Macht- und Herrschaftsmechanismen einschließt. Aus diesem Grund wird die Diskussion der Thesen Bourdieus zugleich auch in Grundgedanken seiner Soziologie einführen.

Ausgangspunkt der folgenden Darstellung ist Bourdieus Kritik der sprachphilosophischen Auffassung des Performativen, die er vor allem in Absetzung von Austin formuliert (5.1). Bourdieu nimmt eine für seine Soziologie charakteristische Verschiebung der Quelle der performativen Kraft vor: Sie liegt nicht in den Worten selbst, sondern ist auf die sozial legitimierte Autorität der beteiligten Akteure zurückzuführen. So kommt auch bei Bourdieu der theatralen *Form* performativer Vollzüge, ihrer öffentlichen Inszenierung, eine tragende Rolle zu. Durch seine Suche nach deren sozialen Bedingungen kann Bourdieu dabei das Theorem der Performativität in zwei Dimensionen vertiefen, die in den bisher dargestellten Theorien unberücksichtigt blieben. Die performative Wirkung rückt selbst als potenzieller *Einsatz* sozialer Kämpfe in den Blick (5.2). Sie ist ein Mittel der Herrschaft, die vor allem durch die Produktion leiblich-praktischer Reaktionsdispositionen (Habitus) effektiv stabilisiert wird (5.3). Wie im vorhergehenden Teil schließt diese kompakte Diskussion Bourdieus mit der Diskussion einiger Kritikpunkte (5.4) und mit Rezeptions- und Literaturhinweisen (5.5, 5.6).

5.1 Performativität als soziale Autorität

Bourdieu wirft Austin vor, in einer typisch philosophischen Geste die Macht des Sozialen und damit die soziale Gewalt, die auch den alltäglichsten Sprachgebrauch noch durchdringt, zu verkennen. Die Sprachphilosophie klammere die „Frage nach den Sprachgebräuchen, also nach den gesellschaftlichen Bedingungen des Gebrauchs der Wörter" (Bourdieu 1990, S. 73) systematisch aus und sehe sich daher gezwungen, die „Macht der Wörter" (ebd.) nur noch in ihnen selbst zu suchen – „also da, wo sie nicht ist" (ebd.). Tatsächlich erschöpfe sich nur in künstlichen Ausnahmefällen der Kommunikationsakt in dem sprachlich verfassten Inhalt einer Mitteilung. Die wirkliche Voraussetzung für das Gelingen eines Sprechaktes, und damit auch performativer Äußerungen, ist für Bourdieu genuin sozialer Natur: Maßgeblich sei die Anerkennung der sozial verankerten *Autorität*, die der Sprecher in solchen Äußerungen in Anspruch nimmt und manifestiert.

Wieder ist es also der Kontext der performativen Äußerung, die im Mittelpunkt steht. Für Bourdieu ist dieser Kontext nicht nur, wie bei Austin, eine spezifische Bedingung für ihr „Glücken". Vielmehr sieht er ihn als die eigentliche Quelle der performativen Kraft. Sie wirkt, weil die an dem Äußerungsakt beteiligten Personen, und hier insbesondere der Sprecher, zum Vollziehen solcher Akte autorisiert sind oder für sich diese Autorität in Anspruch nehmen (können). Die Sprache im engeren Sinne – die geäußerte Wortfolge – erhält ihre Autorität „von außen" (Bourdieu 1990, 73); sie wurde ihr vom sozialen Gefüge und seinen Herrschaftsverhältnissen *übertragen*.

Auch Derrida und Butler heben hervor, dass die Autorität performativer Akte *im Namen* einer autorisierenden Instanz geschieht. Wie sie sieht auch Bourdieu den Richterspruch als Paradigma performativer Akte. Hier ist die „Magie" (Bourdieu) performativen Sprechens in vollendeter Reinheit zu ergreifen: Es reicht das bloße Wort („Ich verurteile Sie…"), um weitreichende und tiefgreifende Wirkungen zu

5.1 Performativität als soziale Autorität

erzielen. Bourdieu hebt nun hervor, dass eine komplexe, vielschichtige *institutionelle* Dynamik nötig ist, um diese Wirkung abzusichern. Die Reinheit des Richterspruchs ist nur möglich, weil sich in ihm die gesamte Institution staatlicher und juridischer Gewalt manifestiert, deren Effektivität in solchen Beispielen vorausgesetzt wird.

Spezifischer isoliert Bourdieu drei Bedingungen der performativen Kraft, wobei er sich vor allem auf den rituellen Charakter der von Austin diskutierten performativen Sprechakte konzentriert. Nehmen wir das Beispiel der Eheschließung. Eine Ehe kann, erstens, nicht von jedem erklärt werden. Um überhaupt eine Chance auf einen Erfolg zu haben, muss der Sprecher eines performativen Aktes dazu legitimiert sein. Bourdieu illustriert diese Bedingung mit Hilfe der Metapher des *skeptron*, eines langen Stabes, der in der Antike herumgereicht wurde, um die Macht des Sprechers zu symbolisieren. Wer mit diesem Zepter spricht, *darf* sprechen. In diesem Sinne sieht Bourdieu die Autorität des legitimen Sprechers als ein Amt, das ihm durch die sozialen Herrschaftsstrukturen verliehen wird und auch nur kraft dieser Herrschaft funktioniert. Der Sprecher ist, in Bourdieus Worten, ein „*Bevollmächtigter*" (Bourdieu 1990, S. 75) der Gruppe.

Als zweite Bedingung gelingender Performativa weist Bourdieu auf die Einhaltung der erforderlichen Form hin. Die erfolgreiche Äußerung unterliegt Konventionen der Kleidung, der Gesten, der Körperhaltungen, der Blicke usw. bis hin zu dem Erfordernis eines spezifischen sprachlichen Codes. Wieder ist Bourdieus Hinweis nicht so zu verstehen, dass hier lediglich *Kriterien* des Glückens der Äußerung genannt werden. Bourdieus Analyse zielt vielmehr auf die irreduzible Dimension der Öffentlichkeit performativer Akte ab. Die Form des Vollzugs ist für Bourdieu ein symbolisches Element, das öffentlich präsent sein muss, um die performative Wirkung zu erreichen. Sie verweist auf die Autorität, die mit ihr in Anspruch genommen wird, indem sie diese manifestiert. Auch sie ist ein *skeptron*.

Aufgrund dieser konstitutiven symbolischen Öffentlichkeit der von Bourdieu analysierten „Autoritätsäußerungen" (Bourdieu 1990, S. 79) kommt drittens den *Zuschauern* oder Empfängern der kommunikativen Äußerung eine herausgehobene Rolle zu. Auch diese Funktion wird von Bourdieu wieder soziologisch gedacht: Ein performativer Akt muss nicht nur verstanden, sondern darüber hinaus in seiner autoritativen Wirkung auch *anerkannt* werden. Diese Anerkennung kann jedoch nicht jeder leisten. Wie bei der Sprecherposition gibt es auch hier soziale Regelungen und Delegationen. Sie verteilen die Befugnis, eine solche Äußerung gleichsam wertschätzend in Empfang zu nehmen. Die Autorität des Sprechers ist bei Bourdieu auf alle Beteiligten verteilt; seine Herrschaft setzt ein implizites Einverständnis auch der scheinbar passiven Rezipienten, ihre „Komplizenschaft" (Bourdieu) voraus.

5.2 Performativität als strategischer Einsatz

Die performative Inszenierung wird von Bourdieu als eine Art Tausch konzeptualisiert. Sie kann nur unter der Bedingung *etwas* bewirken oder repräsentieren, dass ihr Vollzug von den konkreten Teilnehmern *als* performativer Akt akzeptiert wird. Diese Auffassung durchbricht den Automatismus performativer Äußerungen (ihre „Magie") und stellt heraus, dass die performative Wirkung selbst Gegenstand sozialer Strategien und Kämpfe sein kann. Für Bourdieu repräsentieren symbolische performative Akte keinen Vollzug *sui generis*, sondern sind Gegenstand eines impliziten „Delegationsvertrages" (Bourdieu 1990, S. 81) zwischen Sprecher und Rezipienten. Dieser Vertrag lautet ungefähr: Ich benutze die Symbole, die Form und die Sprache, die du erwartest; dafür schenkst du mir Glauben und verleihst meinen Äußerungen Wirksamkeit.

Die Autorität performativer Akte wird somit bei Bourdieu durch die *soziale Form* ihrer Darstellung gestiftet – durch die symbolische Besetzung der Sprecherposition (z. B. durch eine Position im Raum, durch besondere Kleidung); durch die „liturgischen" (wie Bourdieu es nennt) Elemente der Gesamtzeremonie; durch die Formerwartungen der Teilnehmer als Rezipienten. „Der Symbolismus des Rituals" – als Idealfall performativer Akte – „wirkt nicht durch sich selbst, sondern nur insofern, als er die Delegation *repräsentiert, vorführt*, wie ein Stück auf einer Bühne" (Bourdieu 1990, S. 81).

Der Zwang, die für die Intelligibilität einer Performanz erforderlichen Formelemente immer wieder öffentlich zu präsentieren, wurde auch von Butler herangezogen. Er erklärt die stabilisierende Wirkung alltäglicher Geschlechtsperformanzen. Butler interessiert sich, mit Derrida, vorwiegend für die janusgesichtige Logik dieser Wiederholungsarbeit, für die in ihr strukturell angelegte Möglichkeit einer Umwertung, Umbesetzung und damit Neubestimmung des Zitierten. Bourdieu erkennt in der irreduziblen Öffentlichkeit der Akte und ihrer sozialen Form dagegen vor allem einen *strategischen Einsatz* der beteiligten Akteure. Gerade weil die öffentlich rezipierte soziale Form den Akteuren Macht und Autorität verleiht (Delegation), sind die Akteure – so Bourdieu – mehr oder weniger bewusst darum bemüht, diese Formen möglichst gewinnbringend und effektiv für sich einzusetzen.

Bourdieu verschiebt somit die Perspektive. Die symbolische Form wird, als öffentliche Bedingung der Möglichkeit performativer „Magie", zu einem *Einsatz* sozialer Kämpfe und Konkurrenz. Die Sprache selbst wird zu einem sozialen Kapital, die Fähigkeit ihrer angemessenen Verwendung verkörpert einen Marktwert und ein soziales Handlungspotenzial, mithin also Macht. Bourdieu spricht von einer „Ökonomie des sprachlichen Tausches" (1990), die in performativen Sprechakten zum Einsatz kommt. Sprache, wie allgemein die Beherrschung der sozialen Form, wird nach Bourdieus Auffassung in Analogie zu Gütern auf dem Warenmarkt von den Akteuren benutzt, um effektiv die eigene Macht oder die der eigenen Gruppe zu steigern.

Dieser Aspekt seiner Theorie fußt auf der Annahme, dass die Gesellschaft hierarchisch gegliedert ist und sich aufteilt in höhere und niedrigere Klassen. Der Klassenbegriff wird hier nicht nur ökonomisch gedacht; „Kapital" liegt auch – und für Bourdieu in besonderem Maße – in symbolischer Form vor, etwa bei Künstlern oder Intellektuellen, die auch bei vergleichsweise niedrigem Einkommen viel Aufmerksamkeit, Einfluss und in diesem Sinne soziale Macht haben. Aus dieser hierarchischen Grundspannung, die Bourdieu zufolge die ganze Gesellschaft durchzieht, ergibt sich eine grundlegende Konkurrenzsituation der Akteure untereinander. Um sich in dieser Konkurrenz zu behaupten, ist es wichtig, über diese diskursiv-symbolischen Formen zu verfügen, durch die die Autorität symbolischer Akte delegiert und somit wirksam wird.

Ein Weg der Stabilisierung der Herrschaft ist die direkte Festlegung dieser sozialen Form, etwa durch die Macht des Staates, Symbole der Herrschaft zu definieren (wie etwa Uniformen) und den Zugang zu ihnen zu regeln. Ein Polizist ist auf der Straße nur kraft solcher Symbole zu erkennen, die „eigentlich" – aber eben nicht *de facto* – jeder kopieren könnte. Effektiver, weil weniger offensichtlich als Herrschaftsstrategie zu durchschauen, ist die künstliche Verknappung solcher symbolischer „Kapitalien". Der Zugang zu ihnen wird, in Analogie zum Warenwert, beschränkt, um eine Wertsteigerung zu erzeugen. Dazu dient etwa die Zugangskontrolle zu Bildungsinstitutionen, in denen die Kompetenz erworben wird, im geforderten Sinne „formvollendet" zu sprechen und zu handeln. Der Einsatz sprachlicher Güter hat somit, unabhängig vom faktischen Informationsgehalt der Kommunikationsakte, für Bourdieu immer einen irreduziblen Herrschaftsaspekt: Wer die Formen beherrscht, profitiert durch die in ihnen verkörperte Autorität; wer sie anerkennt, festigt diese Autorität und die sie verwaltenden Klassen und Institutionen.

5.3 Der praktische Grund der Performativität

Ein Grundmerkmal der „Urszenen" der Performativität, die Austin als Beispiele aufführt – Heirat, Gericht, Taufen –, ist, dass die Wörter hier scheinbar aus sich heraus weltverändernde Wirkung haben können. Bourdieu führt diese Wirkung auf die soziale Autorität und die Mechanismen ihrer Produktion und Reproduktion zurück. In ihnen ist die *Ursache* für das alltägliche Funktionieren performativer

Akte zu suchen. Sie stellen die sozialen Formen bereit, die Gegenstand des „Delegationsvertrags" (s. o.) der performativen Akte sind. Der Ausdruck des „Delegationsvertrags" ist aber eine Metapher und darf nicht wortwörtlich genommen werden. Die Effektivität der sozialen Formen steht für Bourdieu gerade nicht im Belieben der sozialen Akteure. Soziale Formen im hier entwickelten Sinne – Symbole, Sprachformen, liturgische Elemente der sozialen Interaktion – sind nicht das Ergebnis eines explizit ausgehandelten Konsens. Ihre Wirksamkeit ist, das ist Bourdieus soziologische Kernthese, das Resultat einer körperlichen Aneignung durch die Akteure, die gleichsam unterhalb der symbolisch-diskursiven Ebene operiert. Die wichtigste Bedingung für das Funktionieren performativer Akte ist, die sozial instituierte *Produktion von Dispositionen* in den Akteuren, und zwar der Disposition, die performativ aufgeführte Akte, samt der in ihnen per Delegation symbolisch in Anspruch genommenen Autorität, als solche anzuerkennen.

Diese Anerkennung wird für Bourdieu primär nicht bewusst gestiftet. Als unmittelbare Disposition ist sie im Körper angelegt und mit ihm verwachsen. Sie ist das Ergebnis einer Einverleibung von Urteils-, Bewertungs- und Wahrnehmungsschemata, die Bourdieu auch als *praktischen Sinn* oder *Habitus* bezeichnet (Bourdieu 2004, S. 117–192; Gebauer und Krais 2002). Mit diesen praktischen Schemata erwerben die Teilnehmer einen sozialen Sinn für die symbolischen Formen (inklusive Körperhaltungen, Gesten etc.) und ihren situativ angemessenen Gebrauch. Durch diese Einverleibung zollen sie ihnen spontan und vorreflexiv auch ihre Anerkennung – sie akzeptieren sie und verleihen ihnen damit (performativ) jene Wirklichkeit, die diese Formen repräsentieren.

Der Prozess der Habitualisierung findet in der Primärsozialisation und später auch im Alltag statt, wird aber auch speziell in Bildungsinstitutionen gefördert. Durch ihn werden die Teilnehmer spontan und mit geradezu körperlicher Gewissheit in den Stand gesetzt, soziale Formen als solche zu erkennen und zu reproduzieren. Der erworbene praktische Sinn ermöglicht ein Handeln und Wahrnehmen, das den sozial erwarteten Normen entspricht und diese im eigenen Verhalten antizipiert. Er ermöglicht den Teilnehmern einer Gesellschaft, sich in dem vielfältig ausdifferenzierten sozialen Raum mit seinen unterschiedlichen Klassen und Symbolen wie selbstverständlich zu bewegen. Das heißt auch, dass der Habitus auch gerade dort auffällig wird, wo diese Übereinstimmung des Akteurs mit dem sozialen Raum nicht mehr vorliegt. In körperlichen Reaktionen wie Erröten, dem Zittern der Stimme oder einer geduckten Haltung zeigt sich die Einverleibung der Herrschafts- und Autoritätsverhältnisse ebenso wie in der Handlungssouveränität jener, die seit Geburt erlernt haben, sich zu verhalten *comme il faut*.

5.3 Der praktische Grund der Performativität

Die Anerkennung der sozialen Formen ist somit selbst kein bewusster Reflexionsakt, sondern liegt praktisch und verkörpert vor. Sie besteht in einem anerkennenden Anschlussverhalten, in einer anerkennenden Reaktion *in actu*. Anerkannt wird dabei der *Wert* der manifesten sozialen Form, ihre Signifikanz, weshalb dieses Einverständnis auch dann gegeben wird, wenn diesem Wert explizit widersprochen wird. Auch wer gegen einen Befehl protestiert, erkennt ihn doch durch den Protest bereits *als* Befehl an.

Hier ist nicht der Ort, um umfassender auf den Habitus-Begriff bei Bourdieu einzugehen (vgl. Gebauer und Krais 2002). Wichtig für die leitende Frage nach dem Status des Performativen ist die durch Bourdieu eingeführte praktische Begründung der Autorität der sozialen Formen. Mithilfe des Theorems der grundlegend körperlichen Verfasstheit dieser Bedingung des Performativen kann Bourdieu nun genau fassen, wie die „soziale Magie" performativer Aufführungen zustande kommt. Sie ist das Produkt einer vorgängigen Sozialisation der Teilnehmer, das Resultat einer durch Institutionen und andere soziale Mechanismen den Teilnehmern auferlegten Disposition. Sie lernen, an die Wirksamkeit des performativen Aktes zu *glauben* und ihm dadurch ihr Einverständnis zu geben. In Bourdieus Worten:

> Die Sprache der Autorität [die zugleich der Inbegriff performativer Kraft ist] regiert immer nur dank der Kollaboration der Regierten, das heißt mit Hilfe sozialer Mechanismen zur Produktion jenes auf Verkennung gegründeten Einverständnisses, das der Ursprung jeder Autorität ist. (Bourdieu 1990, S. 79)

Bourdieu kann dieses Einverständnis als eine „Verkennung" beschreiben, da es ja gerade nicht kognitiv erworben, sondern durch die Sozialisation praktisch einverleibt wird. Da der Erwerb eines Habitus eine notwendige Bedingung der Teilnahme an der Gesellschaft ist, verkörpert der Habitus somit eine „Ur-Bejahung der bestehenden Ordnung" (Bourdieu 1990, S. 104). Er produziert den unverzichtbaren Glauben, der notwendig ist, um den sozialen Handlungen und ihren symbolischen Einsätzen reale Wirksamkeit zu verleihen. Durch diesen Glauben *engagiert* sich das soziale Subjekt. Es setzt sich für Überzeugungen, Meinungen und Interessen ein, deren Bedeutung und Intelligibilität in letzter Instanz „nur" sozial definiert sind. In Anlehnung an Wittgensteins Begriff des Sprachspiels nennt Bourdieu dieses habituell erworbene Einverständnis (das, wie gesagt, ja keine *Meinung* ist, sondern eine Haltung) auch den „Glauben ans Spiel".

Mit dem praktischen Grund der Performativität erhält auch die strategische Bedeutung der symbolischen Formen eine weitere Dimension. Die effektivsten und bedeutsamsten Strategien sind in Bourdieus soziologischer Sicht, die sich hier deutlich vom Marxismus inspiriert zeigt, solche, die selbst nicht bewusst artikuliert werden. Sie liegen praktisch verkörpert vor in den faktischen Herrschaftsverhältnissen und den, wie nun deutlich wird, vor allem auch symbolisch operierenden Mechanismen ihrer Reproduktion. „Die wirksamsten Strategien", so Bourdieu, „sind diejenigen, die als Produkte von Dispositionen [...] geformt wurden" (Bourdieu 2004, S. 178). Bourdieu greift zur Erläuterung dieser unbewussten Strategien u. a. auf die Metapher eines „Feldes" zurück. Bourdieu selbst zieht immer wieder das Fußballspiel als Analogie zur Erläuterung dieser Metapher heran. Das Feld ist ein sozialer Raum von geteilten Werten, Überzeugungen und verbindenden sozialen Formen, in denen sich die Akteure positionieren. Vor diesem gemeinsamen Hintergrund ergeben sich Kräfteverhältnisse, etwa in dem Sinne, dass ein Feld durch ein organisierendes Zentrum und eine Peripherie strukturiert ist, durch Ungleichheiten und Konkurrenz. Beispiele für Felder mit ihrer relativen Autonomie sind die in der Moderne ausdifferenzierten Teilbereiche der Gesellschaft wie die Wirtschaft oder die Wissenschaft, mit ihren je unterschiedlichen Spielregeln und Einsätzen.

Relevant für unsere Frageperspektive ist, dass ein soziales Feld auch durch Kraftlinien geprägt ist, die auf die Teilnehmer wirken. Die Analogie ist hier eher die zu einem Kräftefeld in der Physik, wie etwa dem magnetischen Feld (vgl. Rehbein und Saarmann 2009). Diese Kräftelinien stehen für die objektiv in den Institutionen und in der Beherrschung der symbolischen Formen verkörperten *Erfordernisse*, denen sich die Feldteilnehmer unterworfen sehen. Wer an diesen Feldern und ihrem Spiel teilnehmen will, muss sich diesen Erfordernissen anpassen – und tut es, so Bourdieu, sogar freiwillig, ja mit Lust. Denn in ein soziales Feld zu treten – zum Beispiel durch die Wahl des Berufes –, bedeutet, sich an dem durch die Regeln, Ziele und Einsätze des Feldes definierten Spiel zu beteiligen und sich in seinem Sinne zu engagieren. Die notwendige Bedingung dieser Teilnahme ist der Erwerb des korrespondierenden Habitus. Mit ihm wird der konstitutive Glaube ans Spiel, den Bourdieu auch *illusio* nennt, inkorporiert – eine affektive und persönliche Bindung an die Einsätze des Spieles, die von außen wie eine „Illusion" wirkt und doch für das Spiel selbst konstitutiv ist. Der Teilnehmer wird „von den immanenten Erfordernissen des Feldes geformt" und lernt dabei, „sich diesen spontan, ohne ausdrückliche Absicht oder Berechnung, anzupassen" (Bourdieu 2004, S. 178).

5.4 Soziologie als Entmystifizierung

Es lässt sich erkennen, dass bei Bourdieu wie auch bei Butler der Grundgedanke des Performativen eine wichtige Rolle einnimmt, da er eine *kritische* Position gegenüber dem analysierten Phänomen einzunehmen erlaubt. Bourdieu verortet die

5.4 Soziologie als Entmystifizierung

operative Logik der Kritik jedoch anders. Für Butler ist die effektive Kritik gebunden an eine konkrete Erfahrung, wie sie sich etwa an der Praxis des *drags* machen lässt. Sie eröffnet eine Einsicht, die sich mit dem entsprechenden theoretischen Rüstzeug vertiefen und in diesem Sinne fruchtbar machen lässt. Obgleich Butler durchaus um die „Realitätseffekte" der nahezu ubiquitären Geschlechtsperformanzen weiß, relativiert sie diese wieder durch den Hinweis auf potenziell subversive Re-Kontextualisierungen. Butler nimmt somit eine Position der Immanenz gegenüber den Machtverhältnissen ein. Die Möglichkeit der Kritik und alternativer Beschreibungen eröffnet sich bei ihr immer nur im Innenraum der *différance*, in der Selbstabweichung der zitierten Norm.

Bourdieus Soziologie ist, in dieser Perspektive gesehen, viel näher an einem klassischen Herrschaftsverständnis. Für ihn sind es vor allem staatliche Institutionen, die jene Unterschiede und Ungleichheiten reproduzieren, gegen die sich etwa auch der Feminismus zur Wehr setzt. Doch es sollte deutlich geworden sein, dass der Staat bei ihm keine vom Alltag losgelöste Superstruktur darstellt. Für ihn ist der ganze soziale Raum – und somit auch die Sphäre der Kultur im Sinne von „Hochkultur" – geprägt von Konkurrenz und Herrschaftsverhältnissen; diese sind *auch*, aber bei weitem nicht exklusiv vom Staat geprägt. Autorität und ihre praktische Anerkennung ist kein Privileg des Politischen; Bourdieu sieht die Reproduktion symbolischer Herrschaft oft viel effizienter in jenen Feldern am Werk, die – wie die Wissenschaft – scheinbar neutral gegenüber Machtfragen sind (Bourdieu 2004). Oft wirkt es bei Bourdieu, als sei für ihn *jede* Interaktion Kampf und Herrschaft – selbst das scheinbar unschuldige Gespräch unter Freunden (Bittlingmeyer und Bauer 2009). Der Staat spielt in dieser Perspektive aus historischen Gründen eine herausgehobene Rolle; seine Dominanz ist aber, wie das Zurückweichen des Staates in Europa seit den 1990er Jahren belegt, nicht unumstößlich.

Wichtiger als die Rolle des Staates ist für Bourdieus kritische Perspektive die in seiner Theorie ständig mitlaufende Grundunterscheidung zwischen „objektiven" Verhältnissen und ihrer „subjektiven" Wahrnehmung. Bourdieus Kritik an Austin beruht auf der Annahme, dass die sprachlichen Kommunikationsakte *an sich* – also gleichsam von außen betrachtet – keine Autorität haben. Diese wird ihnen erst durch die soziale Form verliehen, mithin also durch die Anerkennung einer Form *als* autoritativ. Eine vergleichbare Grunddifferenz findet sich in Bourdieus These, dass der engagierte Akteur zur Teilnahme an einem Feld den korrespondierenden inkorporierten „Glauben am Spiel" (*illusio*) erst erwerben muss. *An sich*, so lässt sich der Gedanke erneut wiederholen, sind die durch das Feld definierten Regeln und Einsätze ohne Wert. Sie erhalten ihn erst durch das beteiligte Engagement der Akteure, durch ihre körperlich-praktische Anerkennung.

Diese Leitdifferenz zwischen dem objektiven Wert der Zeichen und ihrer sozialen Aneignung ist charakteristisch für einen soziologisch orientierten Grundansatz. Sie eröffnet den Raum der Kritik der sozialen Verhältnisse, denn es kann nun gezeigt werden, *wie* die objektiv vorliegenden sozialen Mechanismen und Bedingungen dazu führen, eben jenen praktisch inkorporierten „Glauben ans Spiel" zu erzeugen, der am Grunde der performativen Magie liegt. Bourdieu beharrt gegenüber der Dekonstruktion darauf, dass es zwar „gut ist, daran zu erinnern, daß Geschlecht, Nation, ethnische Gruppe oder Rasse soziale Konstruktionen sind"; es aber „naiv und also gefährlich [sei], zu glauben und glauben zu machen, es genüge, diese gesellschaftlichen Artefakte in einer rein performativen Feier des ‚Widerstands' zu ‚dekonstruieren', um sie zu *destruieren*" (Bourdieu 2004, S. 139). Was der dekonstruktive Ansatz verkenne, sei eben die objektive Realität und damit auch Wirksamkeit solcher Kategorisierungen. Sie sind, so Bourdieus Einwand, eben nicht „nur" sprachlich, sondern „der Objektivität der Institutionen, das heißt der Dinge und Körper, aufgeprägt" (Bourdieu 2004, S. 139).

Zusammenfassend lässt sich feststellen, dass Bourdieu die Idee des Performativen aufgreift und zugleich kritisch modifiziert. Bourdieu akzeptiert durchaus die Wirksamkeit performativer Akte; sie stellt für ihn einen Grundbaustein der Produktion und Reproduktion der gesellschaftlichen Ordnung dar. Jeder gelingende Vollzug sozialer Autorität ist performativ in dem Sinne, den Austin seinen „Performativa" gegeben hat: Sie bewirken das, was sie – kraft ihrer sozialen Form – repräsentieren. Doch diese Leistung wird von Bourdieu an soziale Bedingungen gekoppelt. Hervorzuheben ist insbesondere die Disposition zur anerkennenden Reaktion, die dem erfolgreichen Vollzug vorgängig ist. Bourdieus Ansatz versteht sich somit als eine *Entmystifizierung* des Performativen mit den Mitteln der soziologischen Aufklärung.

5.5 Rezeption und Kritik

Ein Grundproblem des Ansatzes von Bourdieu ist die Tendenz zum Determinismus, die in seinem Habitus-Konzept angelegt ist. Der Habitus ist, wie gezeigt wurde, vor allem dadurch gekennzeichnet, dass er *nicht* explizit kognitiv operiert. Als eine unbewusste leibliche Disposition ist er gleichsam „immer schon" wirksam, was zu dem Eindruck führt, dass es gleichsam kein Entkommen vor ihm gibt. Insbesondere in der deutschen Philosophie hat sich entsprechend die Rezeption verbreitet, die Bourdieu als Strukturalisten begreift, der den Akteuren keinen kritischen Spielraum lässt und sie zu „cultural dopes" reduziert, die den objektiven Institutionen ausgeliefert sind (Honneth 1995).

5.5 Rezeption und Kritik

Es kann darüber gestritten werden, ob diese Konsequenz zwingend ist. Bourdieu hat sich immer wieder mit der Frage auseinander gesetzt, wie die eigene kritische Position in seinem eigenen Theorierahmen gerechtfertigt werden kann und ausführliche Vorschläge zu seinem reflexiven Wissenschaftsverständnis gemacht (Bourdieu und Wacquant 1996; Bourdieu 2004). Dennoch verweist diese Wahrnehmung auf eine grundlegende konzeptionelle Schwäche seines Ansatzes. Das kritische Potenzial der Soziologie Bourdieus hängt ab von der Differenz zwischen der subjektiven Erfahrungsdimension und ihrer objektiven Analyse. Bourdieu ist sich darüber bewusst, dass diese Differenz nicht naiv vorausgesetzt werden kann, und versucht in einer reflexiven Selbstanwendung auch die praktischen und sozialen Bedingungen der eigenen Reflexionspraxis zu analysieren (Bourdieu 2002). Doch auch hier noch zehrt die Analyse von der Annahme einer nur in der Reflexion aufzudeckenden Objektivität. Die kritische Außenposition bleibt der wissenschaftlichen Reflexion, und insbesondere der Soziologie, vorbehalten.

Aus philosophischer Perspektive ist diese Außenperspektive, auf der auch – wie erläutert – das große kritische und emanzipatorische Potenzial der Soziologie Bourdieus ruht, wohl das größte Problem. Zum einen ethisch: Die objektive Perspektive tendiert dazu, die *eigene Stimme* der Akteure in ihrer Bedeutung zu nivellieren oder gar für irrelevant zu erachten (vgl. dazu aber Sonderegger 2009). Das andere Problem ist erkenntnistheoretisch. Der objektive „Blick von Nirgendwo" (Nagel 1986) ist selbstwidersprüchlich. Zugespitzt formuliert: Wenn *an sich* nichts einen eigenen Wert hat, dann kann Bourdieu nicht mehr erklären, wieso überhaupt *irgendetwas* einen Wert hat (vgl. im Fall der Kunst dazu Seel 2004). Wenn *alles* Engagement nur ein praktisch induzierter „Glaube am Spiel" ist, dann kann dieser Begriff auch nicht mehr kritisch gewendet werden. Das Problem der Außenposition äußert sich auch darin, dass Bourdieus Soziologie die symbolischen Güter rein formal untersucht, als strategischen Einsatz in sozialen Kämpfen (und er schließt dabei die Sprache sowie auch, worauf hier nicht eingegangen wurde, den Geschmack mit ein). Die Möglichkeit, dass kulturelle Güter auch dann, wenn sie vor allem von der herrschenden Klasse eingesetzt werden, ein *immanentes* kritisches Potenzial haben, wird durch diese Perspektive systematisch ausgeblendet.

In Frankreich hat sich in Abwendung von eben diesem Punkt eine *pragmatistische Soziologie* etabliert, für die insbesondere Luc Boltanski und Laurent Thèvenot stehen, zwei ehemalige Mitarbeiter Bourdieus. Dieser Ansatz verankert die Reflexionsfähigkeit und damit auch die Möglichkeit abweichender Stellungnahmen und Handlungen im Akteur selbst, der somit wesentlich mehr Spielraum zur Selbstkontrolle und kritischen Intervention eingeräumt bekommt (Boltanski 2010, Celikates 2009, Diaz-Bone 2011).

5.6 Literaturhinweise

- Von den zahlreichen Einführungen in Bourdieus Werk seien hier die Darstellungen von Endreß (2012) sowie von Rehbein (2011) (in einer aktualisierten Auflage) empfohlen. Als Gesamtlektüre zu monumental, bieten die Einzelartikel in Fröhlich und Rehbein (2009) jedoch eine gute Übersicht zu spezifischen Begriffen und theoretischen Zusammenhängen in Bourdieus Werk. Konkret zum Thema des Habitus ist Gebauer und Krais (2002) einschlägig.
- Bourdieus Bücher sind vergleichsweise gut zu lesen und eignen sich daher auch zum Selbststudium. Wer sich spezifischer für das Thema der Performativität interessiert, sei auf die Texte in Bourdieu (1990) verwiesen. Einen eher für Philosophen interessanten Überblick über seine gesamte Theorie bietet Bourdieu (2004). Von den klassischen Texten ist besonders noch Bourdieu (1987) wichtig und empfehlenswert.
- Einen äußerst interessanten, weil differenzierenden Beitrag zu dem hier auch formulierten Problem der Kritik bei Bourdieu liefert der Beitrag von Ruth Sonderegger in einem auch darüber hinaus lesenswerten Sammelband zu diesem Thema (Sonderegger 2009).

Die performative Kraft des Rituals 6

Die vielleicht überzeugendsten Beispiele, mit denen Austin performative Sprechakte von konstatierendem Sprechen abgrenzt, sind Rituale. Eine Ehe wird geschlossen, ein Schiff wird benannt, ein Kind wird getauft. Andere kanonische Beispiele wie die Eröffnung einer Sitzung („hiermit eröffne ich…") sind zwar keine Rituale im Vollsinne, weisen aber durchaus Züge eines Rituals auf: Es kommt vor allem darauf an, dass die Form eingehalten wird.

Rituale oder ritualisierte Handlungsweisen bilden einen wichtigen Teilbereich performativ orientierter Kulturbetrachtungen. Auf sie beziehen sich sowohl sprachorientierte als auch soziologische Ansätze. Rituale nehmen eine zentrale Rolle in der Ökonomie der Beispiele sowohl bei Austin (Ehe) als auch bei Bourdieu (Liturgie) ein; und die dekonstruktive Leitthese, dass der Gebrauch eines Zeichens eine in ihm sedimentierte Konvention zitiert, gewinnt vor allem bei rituellen Gesten – wie etwa das Schwenken des Weihrauchs – unmittelbare Evidenz. Was in einem Ritual vollzogen wird, ist *per definitionem* eine zitierende Wiederholung einer langen Tradition.

Angesichts dieses Befundes soll es im Folgenden um die Frage gehen, was Ritualtheorien zu einer performativen Kulturbetrachtung beitragen können. Forschungen über Rituale im engeren Sinne speisen sich vor allem aus zwei Quellen: der Ethnologie und der Soziologie. Aufgrund seines Status als Klassiker werden wir mit Émile Durkheim beginnen, dessen soziologische Untersuchungen zu religiösen Ritualen (Durkheim 2001, orig. 1912) alle folgenden Debatten maßgeblich geprägt haben. Kennzeichnend ist Durkheims *funktionalistischer* Grundansatz: Es wird nicht bewertet, wie „vernünftig" oder „unvernünftig" Rituale sind – eine Perspektive, die etwa noch stark die Ausführungen des viktorianischen Ethnologen Frazer (Frazer 1950, orig. 1890) prägte. Vielmehr fragt Durkheim, wozu Rituale eigentlich dienen – was ihre Funktion im Gesellschaftsganzen ist.

Durkheim vertritt die These, dass die Gesellschaft sich in rituellen Kultpraktiken *als* Gesellschaft konstituiert. Erst die rituelle Praxis erzeugt jene verbindende

Gemeinsamkeit, die nach Durkheim charakteristisch ist für das Soziale überhaupt. Durkheim geht davon aus, dass jede soziale Ordnung mit überindividuell verbindlichen Regeln und kollektiven Annahmen operieren muss. Dies erfordert nicht nur, dass diese gesellschaftlich verbindlichen Vorstellungen gegenüber den Individuen mit Autorität auftreten. Es verlangt auch die Herstellung einer emotionalen und, wie Durkheim es nennt, „moralischen" Bindung *zwischen* den Teilnehmern der Gesellschaft. Diese Grundformen der Kollektivität, so Durkheims Annahme, werden durch den Ritus gestiftet.

Rituale reflektieren nicht einfach bloß die kulturelle Ordnung, sondern tragen maßgeblich zu ihrer Reproduktion bei – diese Perspektive, die Durkheim vor allem über eine Diskussion religiöser Riten entwickelt, prägt auch heute noch einen großen Teil der Debatte über Rituale (Bellah 2005). Der funktionalistische Ansatz rahmt auch die Position des Ethnologen Victor Turner, die wir im zweiten Teil dieses Kapitels vorstellen. Im Unterschied zu Durkheim, der vor allem die Stabilität der Gesamtgesellschaft im Blick hat, entwirft Turner ein dynamisches Bild der Gesellschaft. Für ihn sind Rituale ein wesentlicher Teil eines „sozialen Dramas" (Turner), in dem es um die kollektive Bewältigung von Krisen und Konflikten geht.

Indem hier vor allem die funktionalistische Perspektive vorgestellt wird, ist damit nicht gesagt, dass diese Sicht das Ritual am besten treffe.[1] Vielmehr tritt in ihr das performative Moment des Rituellen am stärksten hervor. Das verbindende Merkmal beider Ansätze ist die Annahme, dass Ritualen eine spezifische Kraft innewohnt, die mit Recht als „performativ" bezeichnet werden kann: Rituale können ihre Funktion in der Gesellschaft erfüllen, *indem* sie auf die Teilnehmer eine gewisse Wirkung ausüben.

Diese Variante des Performativen hebt sich vor allem dadurch von den anderen Ansätzen ab, dass die performative Kraft auf der körperlichen Ebene unmittelbarer Affekte und Erfahrungen lokalisiert wird. Rituelle Wirkungen sind nicht das Ergebnis des Schlussfolgerns oder Denkens. Die größte Nähe besteht hier zu Bourdieus soziologisierender Sicht auf performative Äußerungen, deren „soziale Magie" auch durch unmittelbare praktische Anerkennung erklärt wird. Durkheim betont, dass Symbole ihre Gültigkeit und Verbindlichkeit erst durch den rituellen Einklang der Gesten und Bewegungen erhalten (vgl. Durkheim 2001, S. 316; vertiefend Bellah 2005). Ohne das Wort zu benutzen, ist diesen Ansätzen somit eine genuin performative Sichtweise eigen: Rituale stiften kulturelle Ordnung durch die praktische Eigenlogik ihres Vollzugs.

---

[1] Eine Übersicht und realistische Einschätzung der unterschiedlichen Ansätze zur Beurteilung des Rituals gibt Michaels (1999).

Wir beginnen die Erörterungen zur performativen Kraft des Rituals mit einer kurzen Diskussion über die Abgrenzung des Rituals von anderen stereotypen Handlungsformen (6.1). Danach wird Durkheims Grundmodell der rituellen Selbstbekräftigung der Gesellschaft vorgestellt (6.2). Im Anschluss wird es ausführlicher um Turners Theorie des „Liminalen" gehen. Damit werden rituell erzeugte Zustände bezeichnet, in denen die gewöhnliche Ordnung gleichsam überschritten worden ist und die Teilnehmer aus einer ambivalenten Randposition heraus in den Stand gesetzt werden, sich und die eigene Kultur neu zu verstehen (6.3 bis 6.5).

6.1 Was ist ein Ritual?

Es ist schwer, das Ritual immer deutlich von seinen Nachbarn und Konkurrenten abzugrenzen – von der Zeremonie, dem Brauchtum, dem Spiel, dem Theater, von der Wiederholung. Gerade in der Folge der Aufmerksamkeit, die rituelle Handlungen in der Soziologie und Ethnologie erfahren haben, ist der Begriff des Rituals zuweilen soweit ausgedehnt worden, dass seine Konturen zu zerlaufen drohen. Der klassische Ort des Rituellen ist die religiöse Kulthandlung; doch längst schon hat sich die Redeweise etabliert, auch wiederkehrende Handlungsformen wie das gemeinsame Mittagessen in der Familie oder das Zu-Bett-bringen der Kinder als „Ritual" zu bezeichnen. So sprechen Gebauer und Wulf von dem „rituellen Raum" der Schule, in dem u. a. die Rituale „der ‚Klassenarbeit', der ‚Hausaufgaben', der ‚Zeugnisvergabe' und der ‚Versetzung'" (Gebauer und Wulf 1998, S. 125) stattfinden. Die Gefahr der Verwässerung des Ritualbegriffs gilt noch stärker für Erving Goffman (1967), der den Ausdruck „Interaktionsrituale" geprägt hat. Für ihn wohnt *jeder* sozialen Interaktion eine rituelle Dimension inne, da Sprache und Gesten sozial stilisiert werden (müssen).

Für die Frage, was dem Ritual seine performative Wirkung verleiht, sollen hier zwei notwendige Merkmale eines Rituals hervorgehoben werden. Zum einen zieht ein Ritual eine *Grenze*, die seinen Handlungen einen gesonderten Sinn verleiht. Oft verläuft diese Grenze zwischen Alltag und außeralltäglichen Handlungen, wie im religiösen Ritus: Wenn ich mir abends die Füße wasche, ist es bestenfalls eine Gewohnheit; doch innerhalb eines Ritus kann dieselbe Handlung voll symbolischer Bedeutung sein und spirituelle Erfahrungen erzeugen. Die rituelle Grenzziehung muss nicht auf religiöse Räume beschränkt sein. Gebauer und Wulf etwa schlagen vor, Rituale als „kulturelle Aufführungen" (Gebauer und Wulf 1998, S. 141) zu begreifen und nennen mit „Sportveranstaltungen oder Theaterinszenierungen" säkulare Beispiele. Auch in diesen kulturellen Formen wird eine Grenze zum Alltag gezogen und ein gesonderter Raum eröffnet, symbolisch und physisch. Wer ein Fußballspiel oder ein Theaterstück besucht hat, kennt dieses Merkmal aus eigener Erfahrung. Die kulturelle Aufführung findet in eigenen Gebäuden statt wie Fußballstadien oder Theatern; die Teilnehmer an der Aufführung kleiden sich außeralltäglich; es gibt eingespielte Praktiken wie den „Gong" oder die „Pause", die den Takt der eigentlichen Aufführung vorgeben und ihre Grenze zum Alltag symbolisch markieren.

Die Fähigkeit des Rituals, Grenzen zum Alltag zu ziehen, trägt – wie wir noch sehen werden – wesentlich zum Verständnis der performativen Kraft des Rituals bei. Ein zweites, verwandtes Grundmerkmal des Rituals ist die Aufwertung der *Form* der Handlungen. Rituale sind, so eine Definition, vergleichsweise konstante Abfolgen *formaler* Äußerungen und Handlungen, die ein Anfang und ein Ende aufweisen.[2] Dies bedeutet nicht, dass *alle* Handlungen vorgeschrieben und kodiert sind; auch der rituelle Rahmen lässt Raum für Spontaneität und Improvisation. Doch prinzipiell muss die Form gewahrt bleiben. Dieser Formalismus trennt Rituale deutlich von zweckrationalen Handlungen. Auch wenn sich eine Kerze mit einem Feuerzeug anzünden lässt, wird sie in der Ostermesse am Osterfeuer entfacht und dann zeremoniell in die Kirche getragen.

Die Bedeutung der Form ist augenfällig bei religiösen und sozialen Ritualen in der engeren Wortbedeutung, und sie hilft zu verstehen, wieso Autoren wie Goffman der sozialen Interaktion eine rituelle Dimension zuweisen. Soziale Begegnungen sind ritualisiert in dem Sinne, dass die Akteure ihre Äußerungen und Handlungen den sozialen Anforderungen gemäß *stilisieren* müssen – ein Aspekt, den ja auch Bourdieu und Butler hervorheben. „Man" spricht anders mit Höhergestellten als mit seinen Freunden; das Geschlecht, die Machtverhältnisse, die impliziten Codes der Situation bestimmen maßgeblich die sozial akzeptierten Bewegungen, Körperhaltungen und Gesichtsausdrücke. Mit anderen Worten: Die Form wird gewahrt.

Die Betonung des Formalen im Ritual dient hier vor allem der Abgrenzung von subjektiven Absichten oder Empfindungen. Ein Diskussionspunkt bei Austin war die Frage, wie „total" der Kontext eines performativen Sprechaktes sein muss, um zu glücken (vgl. 3.1). Gegen Austins Annahme, dass auch die Gefühle und Einstellungen der Akteure „stimmen" müssen, ist aus ritualistischer Perspektive hervorzuheben, dass die Beteiligten völlig widersprüchliche, ja ablehnende Einstellungen gegenüber den Handlungen und Äußerungen einnehmen können, die sie (trotzdem) vollziehen. Jeder Konfirmand kennt dieses Phänomen. Es ist ein Grund dafür, dass Rituale oft als langweilig, lästig oder „künstlich" wahrgenommen werden. Zugleich erklärt es, warum rituelle Handlungen vielen Autoren, die sich mit ihnen

---

[2] Vgl. dazu Roy Rappaports Definition: „the performance of some more or less invariant sequences of formal acts and utterances not entirely encoded by the performers" (1999, S. 24).

beschäftigen, als *der* Schlüssel zu einem besseren Verständnis des Sozialen gelten: Gerade weil Rituale die subjektiven Einstellungen gleichsam am konsequentesten übergehen, haben sie das Potenzial, *in ihrem Vollzug* die widerstreitenden und konfligierenden subjektiven Intentionen zu einen. Da ein ritueller Vollzug zugleich im Vollsinne *öffentlich* ist – die Form muss dargestellt, ja aufgeführt werden –, erfüllen Rituale die hier leitende Arbeitsdefinition des Performativen in besonderem Maße: Sie sind öffentliche Praktiken, „kulturelle Aufführungen" (Gebauer und Wulf 1998, S. 141), die durch ihren Vollzug strukturierend wirken. Die Frage ist dann, *wie* Rituale genau *welche* strukturierende Wirkung entfalten können.

6.2 Durkheim: Ritual als Vergemeinschaftung

Vor dem Hintergrund der obigen Überlegungen lässt sich Durkheims Position (Durkheim 2001) so zusammenfassen: Rituale strukturieren die Gesellschaft, indem sie die Individuen in eine gemeinsame Form einbinden und somit vergemeinschaften; diese Funktion erfüllen Rituale durch ihre spezifische Fähigkeit, genuin kollektives Erleben zu bewirken. Durkheim entwickelt diese Position anhand einer Analyse der „elementaren" Formen des Religiösen, also durch eine Untersuchung religiöser Praktiken und Vorstellungen in vormodernen Gesellschaften. Diese sind in totemistische Klans organisiert; es geht also um Stammesgemeinschaften. Durkheims Methode ist dabei stark von der sozialevolutionären These geprägt, dass diese Stammesgemeinschaften Vorstufen der modernen Gesellschaft repräsentieren, gleichsam unterentwickelte Vorläufer des Westens (oft war nicht nur bei Durkheim in dieser Zeit die Rede von „Primitiven" oder „Halbzivilisierten"). Die Annahme ist, dass sich in diesen Vorläufern jene Grundformen des Sozialen herausgebildet haben, die auch für moderne Gesellschaften noch prägend sind.

Im Klanleben, so Durkheim, spielen religiöse Rituale eine ganz besondere Rolle. Sie installieren eine gesonderte Sphäre des Heiligen, die von den alltäglichen Verrichtungen kategorisch getrennt ist – von dem „Profanen", wie Durkheim (Durkheim 2001, S. 62) es nennt. Der Eintritt in das Ritual markiert eine Grenze. Dies äußert sich darin, dass im Vollzug dieser Zeremonien oft die normalen gesellschaftlichen Regeln außer Kraft gesetzt sind; insbesondere die Regelungen der sexuellen Partnerwahl und der sozialen Hierarchie. Wir werden auf diesen Aspekt näher bei der Diskussion der Thesen Turners eingehen, der ihn als die „anti-strukturelle" Seite des Rituals besonders hervorhebt. Hier geht es zunächst darum, dass das Ritual, wie Durkheim es analysiert, wesentlich dadurch gekennzeichnet ist, dass es „anders" funktioniert als der Alltag. Die Beteiligten gehen davon aus, dass in den rituellen Vollzügen heilige, für gewöhnlich unsichtbare Mächte mitwirken oder angesprochen werden können – wie etwa die Wandlung von Brot und Wein in Leib und Blut Christi. Die Rituale, die Durkheim somit vor allem interessieren, sind *magische* Rituale.

Für die performative Kraft des Ritus sind zwei Annahmen Durkheims kennzeichnend. Zum einen hebt er hervor, dass der Vollzug der Rituale ein gemeinschaftliches emotionales Erlebnis erzeugt, das die Beteiligten auch über die Ausübung des Ritus hinaus prägt. Im Ritual tritt die Gemeinschaft nicht nur formal zusammen; das Heilige wird auch kollektiv erfahren.[3] Die rituelle Praxis erzeugt nach Durkheim starke emotionale Aufwallungen, Trance- und Rauschzustände, die er unter dem Zustand „kollektive Efferveszenz" zusammenfasst. Der sperrige Begriff der Efferveszenz kommt aus der Chemie und bezeichnet heftige Gärungen und Aufwallungen in Folge einer chemischen Reaktion. Durkheim spricht also von einer kollektiven Gärung, von einem Aufbrausen. Es findet „eine Verschmelzung aller Einzelgefühle zu einem Gemeingefühl" (Durkheim 2001, S. 315) statt.

Diese starken kollektiven Erlebnisse werden dann – das ist die zweite Annahme Durkheims – mit der Sphäre des Heiligen verbunden und ihr zugeschrieben. Da diese Erlebnisse nur im Ritual wiederholt erfahren werden können, entsteht so der für die Religion konstitutive Eindruck, dass es gleichsam zwei Welten gebe – die des Alltags und die des religiösen Rituals. Das Ritual verkörpert und produziert zugleich die für das Religiöse fundamentale Trennung von Alltäglichem und Außeralltäglichem, von Profanem und Heiligen. In ihm wird zugleich die Realität des Heiligen wie auch seine Außergewöhnlichkeit, seine Abtrennung vom Alltag, markiert und erfahren. Auch mit dem Ritual finden wir somit eine Praxis vor, die das *erzeugt*, worauf sie sich bezieht – die Erfahrung des Außeralltäglichen, des Nicht-Profanen.

Durkheim nimmt an, dass die starken kollektiven Erlebnisse, die das Ritual auslöst, die Beteiligten aneinander bindet. Sie erfahren, dass sie *individuell* zu Außergewöhnlichem fähig sind, wenn sie *gemeinsam* agieren. Während die Beteiligten selbst diese Energie dem Heiligen zuschreiben, sieht Durkheim hier letztlich die verbindende Kraft und Gewalt des Sozialen in Aktion – denn Gott und die religiösen Symbole sind für ihn „nur der bildhafte Ausdruck der Gesellschaft" (Durkheim 2001, S. 309). Im Ritual verfestigt sich das *soziale* Band und aus diesem Grund sieht Durkheim das vergemeinschaftende Ritual auch in säkularen gesellschaftlichen Kontexten am Werk. Wie in der Stammesgesellschaft dienen auch im modernen

---

[3] Auf den ersten Blick sieht es so aus, als würde Durkheim damit gerade das Merkmal des Rituellen übergehen, das hier betont wurde – seine Form, die unabhängig von den subjektiven Intentionen eingehalten wird. Der Witz von Durkheims Betrachtung scheint aber gerade darin zu liegen, dass diese Form die subjektiven Intentionen schließlich dazu zwingt, sich in die Bahnen gemeinschaftlichen Erlebens zu bewegen.

Leben ritualisierte Veranstaltungen wie Feste oder Versammlungen dazu, dass die Gemeinschaft sich ihrer selbst versichert. Entscheidend ist dabei die Trennung vom Alltag, die Markierung einer Differenz zum Gewöhnlichen. Durch sie installieren Rituale eine Sphäre außergewöhnlichen Erlebens, deren Sinn und Zweck es ist, gerade *durch* die rituelle Aushebelung des Normalen die außerrituelle Autorität der Gesellschaft zu legitimieren. Dazu ein längeres Zitat, das diese Parallele verdeutlicht:

> Innerhalb einer Ansammlung, die eine gemeinsame Leidenschaft erregt, haben wir Gefühle und sind zu Akten fähig, derer wir unfähig sind, wenn wir auf unsere Kräfte allein angewiesen sind. Löst sich die Ansammlung auf und stehen wir allein da, dann sinken wir auf unsere gewöhnliche Ebene zurück und können dann die Höhe ermessen, über die wir uns hinaus erhoben haben. [...] Das ist der Grund, warum alle politischen, ökonomischen oder konfessionellen Parteien periodisch Versammlungen einberufen, auf denen ihre Anhänger ihren gemeinsamen Glauben beleben können, indem sie ihn gemeinsam bezeugen. (Durkheim 2001, S. 289)

Abschließend sollte noch hinzugefügt werden, dass sich für Durkheim diese kollektive Kraft des Rituals in den Zeichen und Symbolen einschreibt, die in der rituellen Praxis zum Einsatz kommen. Die bindende Kraft des Kollektivs, die im Ritual erfahren wird, kondensiert sich gleichsam in materiellen Trägern, die dann auch *außerhalb* des Rituals das Heilige verkörpern. Solche Symbole – Durkheim nennt als Beispiel neben dem Totem u. a. die Fahne als Inbegriff einer Nation – tragen die rituelle Erfahrung des Kollektivs in die Sphäre des Alltags hinein. Indem sich das „Kollektivgefühl", wie Durkheim es nennt, „an ein materielles Objekt heftet" (Durkheim 2001, S. 323), wird es so zu einem Gegenstand auch des außerrituellen Gebrauchs und schließlich der Reflexion. Die Pointe dieser Idee ist, dass diese Symbole nur deshalb symbolische Bedeutung gewinnen, weil sie im Ritual selbst performativ „dazu beigetragen haben, sie zu bilden" (Durkheim 2001, S. 316). Ihre symbolische Kraft ist somit keine Illusion oder bloße Ideologie, sondern das reelle Resultat gemeinschaftlicher Praxis.

6.3 Turner: Übergangsrituale

Rituale stiften nach Durkheim Gemeinschaft, *indem* sie diese erfahrbar machen. Der Soziologe untersucht diesen performativen Aspekt des Rituals gleichsam aus der Perspektive der Gesellschaft selbst: Ihn interessiert, wie Rituale soziale Autorität installieren und sie dadurch stabilisieren. Der Ethnologe Victor Turner richtet sein Augenmerk dagegen auf jene Riten, die einen Wechsel *innerhalb* der sozialen Ordnung markieren. Mit den sogenannten *Übergangsritualen*, in denen es um Tod, Geburt oder den Statuswechsel von Gemeinschaftsmitgliedern geht (etwa der Übergang vom Kind zum Erwachsenen), kommt ein neues Problem kultureller Ordnungsbildung in den Blick – die Bewältigung der Spannungen und Krisen, die solche Wechsel zwangsläufig erzeugen. Damit rückt auch die Perspektive der rituellen Subjekte selbst in den Blick, *ihre* Krisenerfahrung und der Umgang mit ihr. Auf diese Weise zeichnet Turner ein differenzierteres Bild. Er sieht Rituale als eine kulturelle Form, in der die Teilnehmer ein neues Verständnis ihrer selbst und ihrer Kultur erwerben und auf diese Weise den Herausforderungen des Wandels begegnen. Während Durkheim rituelle *performances* in den Dienst der sozialen Stabilität stellt, hebt Turner ihre Reflexivität und Kreativität hervor. Rituale sind ein Weg, in Reaktion auf Krisen „authentische Neuordnung" (Turner 1989, S. 134) zu produzieren.

Den Begriff des Übergangsritus übernimmt Turner von dem französischen Ethnologen Arnold van Gennep (van Gennep 1999, orig. 1909). Er führt die *rites de passage*, wie es im französischen Original heißt, mit einer Raummetaphorik ein.[4] Wieder begegnen wir der fundamentalen Bedeutung von Grenzen für eine Kultur: Eine Gesellschaft, so van Genneps Vorstellung, lässt sich „mit einem Haus vergleichen, das in Zimmer und Flure unterteilt ist" (van Gennep 1999, S. 34). Die Idee ist, dass sich alle Mitglieder der Gesellschaft in solchen sozialen „Räumen" bewegen, in denen je andere Erfahrungs- und Handlungsmöglichkeiten vorherrschen. Zwischen diesen Räumen liegen Grenzen, die je nach der Struktur der Gesellschaft mehr oder weniger durchlässig sind. In diesem Sinne ist die Welt der Erwachsenen eine andere als die der Kindheit; die Welt der herrschenden Elite ist getrennt von der „normalen" Bevölkerung; die Wohnung der Familie definiert einen anderen sozialen Ort als die Schule. Eine Gesellschaft ist jedoch kein statisches Kollektiv; in Absetzung von Durkheim sehen van Gennep und mit ihm Turner in jeder Kultur eine unvermeidbare Dynamik am Werk, die Übergänge zwischen diesen „Räumen" erforderlich macht – Grenzübergänge, Passagen. Individuen werden älter; sie wechseln ihren Aufenthaltsort; sie erlangen einen neuen sozialen Status oder verlieren Macht und Prestige (man denke heute etwa an Beginn oder Ende des

---

[4] Van Gennep hat die Raummetaphorik nicht erfunden, sondern sie aus der Beobachtung ritueller Praxis abgeleitet. Zahlreiche Übergangsrituale bedienen sich der Raummetaphorik, etwa wenn aufwachsende Kinder oder Hochzeitspaare durch Tore gehen müssen. Umgekehrt wird die konkrete Überschreitung von Räumen oft von Ritualen begleitet, die diesen Übergang markieren. Man denke etwa an den katholischen Brauch, beim Eintritt in das Kirchengebäude ein Kreuz zu schlagen – eine Schwundform oder der einzige übrig gebliebene Teil eines Ritus, der den schwierigen und immer potenziell gefährlichen Kontakt mit dem Heiligen vorbereitet.

Berufslebens); sie lösen sich von engen Familienmitgliedern oder gründen selbst eine Familie.

Je nachdem, wie stark diese unterschiedlichen Welten oder Räume voneinander getrennt sind, erzeugen solche Passagen für alle Beteiligten Krisen. Sowohl das grenzüberschreitende Individuum als auch seine soziale Umgebung müssen sich umorientieren und sich zu den neuen Verhältnisse positionieren. Die klassischen Beispiele für solche potenziell krisenhaften Übergänge lassen diese Anpassungsprobleme deutlich erkennen: Schwangerschaft, Geburt und Bestattung, Eheschließung und Trennung, die Einführung in eine Gruppe („Initiation"), Ankunft aus der Fremde. Diese Ereignisse sind nicht nur individuelle Lebenskrisen, sondern stellen – so die Annahme – auch eine Bedrohung für die Ordnung der Gesellschaft dar. Eine Ehe greift stark in bestehende Lebens- und Wirtschaftsverhältnisse ein, definiert Pflichten und Verantwortungen um; Neuankömmlinge in Schulen oder Berufsanfänger bergen die Gefahr, die aufnehmende Institution und ihre Ordnung zu missachten; Tod und Krankheit zeugen vom verstörenden Eingriff von Mächten, die sich nicht kontrollieren lassen.

Die Grundannahme ist somit, dass sich Rituale zur Bewältigung dieser Krisen etablieren. Diese „Übergangsriten" weisen – so van Genneps These – eine allgemeine Struktur auf, die Turner (Turner 2009, S. 94) übernimmt. Es lassen sich drei Phasen erkennen: Die *Trennung* (im engl. Original „separation"), die *Schwellenphase* („margin", auch „liminal", von lat. *limen*, Schwelle) sowie die Phase der Angliederung („aggregation"). Die Raummetaphorik wird deutlich greifbar: Das Individuum löst sich von den bisherigen Bindungen und betritt die Schwelle, was bereits einiger Vorbereitung bedarf; mit dem ersten Schritt über diese Schwelle befindet es sich in einem Zustand des „Zwischen"; und zum Abschluss vollzieht es den Wechsel – es wird der neuen Gruppe und ihrer sozialen Ordnung angegliedert.

Turner richtet nun seine Aufmerksamkeit auf die Zwischenphase des Übergangs und auf die Transformation, die das Individuum ritualbedingt durchlebt. Er beobachtet, dass in dieser *liminalen* Phase (also in der Schwellenphase) den rituellen Subjekten eine auffällige Mehrdeutigkeit anhaftet. Die üblichen sozialen Attribute werden außer Kraft gesetzt. Das rituelle Subjekt erhält einen Status, der es deutlich außerhalb der kulturellen Ordnung platziert. Ein längeres Zitat eines Interpreten beschreibt gut den Status als Außenseiter:

> Die rituellen Subjekte – „Neophyten" genannt, Neuankömmlinge, Initianden – „gelten für die Gesellschaft regelrecht als tot, sind von ihr abgetrennt, und sie befinden sich während der Übergangszeit in Gesellschaft von Ahnengeistern oder Monstern, die Tote repräsentieren. Neophyten werden als Leichen und/oder als Säuglinge oder Embryos behandelt. Man misst ihnen Attribute der Auflösung (Dreck, Erde, Fäulnis) zu, sie gelten als geschlechtslos oder zweigeschlechtlich. Die Demütigungen, die die

Initianden erdulden müssen, zerstören den früheren Status, lehren Demut und bereiten den neuen Status vor. In ihrer Nacktheit verdichten sich Hierarchielosigkeit und Egalität. Neophyten werden zur prima materia, zu ungeformtem Rohstoff in einem Wandlungsprozess Tod und Wachstum, symbolisch repräsentiert durch Mond, Tunnel, Schlange u.ä.m." (Bräunlein 2012, S. 53 f.)

Liminale Subjekte werden, so Turners Annahme, gleichsam von ihrer bisherigen Einbindung in die kulturelle Ordnung befreit, haben den Übergang in den neuen Status aber noch nicht abgeschlossen. In diesem Zwischenraum des „betwixt and between" (Turner 2009, S. 95), eingespannt zwischen dem alten und dem neuen Status, eröffnet sich ein ganz eigener Raum der Statuslosigkeit, der symbolischen und emotionalen Unordnung. Er dient dazu, so Turners funktionalistische Erklärung, die Übergangssubjekte gleichsam von der alten Ordnung zu befreien und sie damit in den Zustand einer „*tabula rasa*, einer unbeschriebenen Tafel" (Turner 2009, S. 103) zu versetzen. Das ermöglicht der Gruppe, ihnen ihre Ordnung – „ihr Wissen und ihre Weisheit" (ebd.) – einzuschreiben. Den Neophyten wird am eigenen Leib gezeigt, dass sie „Ton oder Staub sind, bloße Materie, deren Form von der Gesellschaft eingeprägt wird" (Turner 2009, S. 103), und dass es die kulturelle Ordnung ist, die Eindeutigkeit und Ordnung wiederherstellt.

6.4 Gemeinschaft und Ambivalenz

Ein rein strukturfunktionalistischer Ansatz würde es bei der Erläuterung belassen, dass die Übergangsriten dazu dienen, das rituelle Subjekt über den Umweg einer rituellen Transformation in die kulturelle Ordnung wieder einzugliedern. Doch Turner interessiert sich dafür, wie sich dieser Übergang *aus der Perspektive der Teilnehmer* darstellt. Schließlich orientiert er sich an dem Grundgedanken, dass in diesen Ritualen Krisen bewältigt werden müssen, die nicht nur „die soziale Ordnung" destabilisieren können, sondern das konkrete Leben sowohl der rituellen Subjekte als auch der Gemeinschaft betreffen. Wie fühlt es sich also an, zur *tabula rasa* zu werden? Was für eine allgemeine Struktur weist dieser Zwischenzustand auf, den die rituellen Teilnehmer durchlaufen müssen?

Zwei Aspekte sind hier zu nennen. Turner hebt erstens hervor, dass die liminalen Subjekte während der Schwellenphase des Rituals *untereinander* in ein unmittelbares Verhältnis des gleichen Miteinanders treten, das Turner „communitas" nennt. Die Neophyten werden auf der einen Seite strengen Regeln und Demütigungen unterworfen, wie das oben angeführte längere Zitat deutlich illustriert. Zugleich erfahren sie sich *wechselseitig* als gleichberechtigt, befreit von den Zwängen und Bestimmungen der Struktur, zu der sie – wenn auch temporär – nicht gehören.

6.4 Gemeinschaft und Ambivalenz

Die Metaphern der *tabula rasa* oder der ungeformten Materie sind beim Wort zu nehmen: Für Turner findet in der Schwellenphase nicht nur eine symbolische Einschreibung eines Außenseiterstatus statt, sondern die gemeinsam geteilte existenzielle Erfahrung, außerhalb der sozialen Ordnung *zu sein*.

Aus dieser Situation resultiert eine Gemeinschaft, die Turner mithilfe von Begriffen charakterisiert, die den Gegensatz zum normalen Zustand der Strukturiertheit hervorheben. Sie vermitteln einen guten Eindruck davon, was Turner unter *communitas* begreift: Alle Gruppenmitglieder sind gleich und gleichwertig, was durch Nacktheit oder uniforme Kleidung symbolisiert wird. Rangunterschiede werden aufgehoben. Die Gruppenmitglieder missachten ihre persönliche Erscheinung, wo sonst soziale Distinktion gilt. Es herrscht Selbstlosigkeit, aber auch Demut und totaler Gehorsam gegenüber den Vertretern der Ordnung, die das Ritual leiten. Schmerz und Leiden werden akzeptiert oder gesucht, anstatt sie zu meiden. Mystische Mächte, Verrücktheit und Schweigen werden aufgewertet. Nicht-verbale, bildliche Ausdrucksformen treten in den Vordergrund (vgl. Turner 2009, S. 109 f.; sowie Bräunlein 2012, S. 54).[5] Die vielleicht umfassendste Charakterisierung der *communitas* ist, dass nicht mehr die soziale Ordnung die wichtigen Bedeutungen stiftet, sondern die (gemeinsame) Beziehung der Gruppe zu kosmischen Kräften und Strukturen (Turner 1989, S. 39). Die *communitas* erlebt sich als eine Gemeinschaft von Außenseitern, die auf sich gestellt ist und direkt dem Kosmos, oder Gott, gegenübersteht.

Das Modell der *communitas* ergänzt Turner zweitens mit der Vorstellung, dass den Teilnehmern der Schwellenphase die Uneindeutigkeit, ja Unzuverlässigkeit der Regeln, Symbole und Wertvorstellungen der Kultur unmittelbar evident wird. Die Entbindung von den Pflichten *und* Rechten des Gemeinschaftslebens, die Nähe zum Mystischen und Magischen, der eigene Status „betwixt and between" – all das erzeugt eine Sphäre, in der „das Absonderliche zum Normalen wird" (Turner 1989, S. 64). Das Bekannte und Vertraute löst sich auf und wird in neuen, „monströsen, phantastischen und unnatürlichen Formen" (Turner 1989, S. 64) erfahren. Wie etwa soll mit der für Initianden typischen Erfahrung umgegangen werden, dass einerseits ungekannte Freiheiten eingeräumt werden („sie fallen z. B. über Dörfer und Gärten her, ergreifen Frauen und beschimpfen ältere Leute") und sie doch zugleich der demütigenden Gewalt der Ältesten unterliegen, die sie hart bestrafen, „wenn sie nicht gehorchen, als auch, was noch schlimmer ist, wenn sie es tun" (Turner 1989, S. 64)? Die üblichen Regeln und Kategorien erscheinen verzerrt, sind ihrer Selbstverständlichkeit beraubt, treten in aller Ambivalenz verdichtet hervor.

---

[5] Diese Auflistung stellt eine Übersicht dar und beschreibt nicht, was bei *jedem* Ritual stattfindet.

Turner sieht in diesem liminalen Zwischenzustand eine produktive Konstellation am Werk. Die Konfrontation mit den Ambivalenzen der eigenen Kultur, verbunden mit der eigentümlichen Freiheit und Ekstase der *communitas*, setzt bei den rituellen Subjekten Kreativität und reflexive Prozesse frei. Sie erfahren den *Bruch* mit dem Selbstverständlichen am eigenen Leib und verbinden sich untereinander zu einer Gemeinschaft von Gleichen, die mit Mächten in Berührung kommen, die höher stehen als die Gesellschaft (Gott, magische Kräfte, mystische Erfahrungen). In dieser erlebten Abkehr von der herrschenden Ordnung liegt, wie Turner betont, eine Provokation und Bedrohung. Entsprechend ist die liminale Phase durch Verbote und Vorschriften eingehegt, die die von ihr ausgehende Gefahr eindämmen sollen (Turner 2009, S. 109).

Was aus der Perspektive der Ordnung eine Gefahr darstellt, ist jedoch zugleich ein kreatives Potenzial. Die ambivalente Distanz zum Selbstverständlichen setzt dieses in ein neues Licht. Mit der Freisetzung von den üblichen Regeln und dem neuen, eigenen Bezugssystem der *communitas* ist ein Rahmen geschaffen, in dem die einst vertrauten Elemente der kulturellen Ordnung neu gesehen, bewertet und kombiniert werden können. „Die Faktoren der Kultur werden isoliert", so Turner, und zwar mittels Symbolen „wie Bäumen, Bildern, Gemälden, Tanzformen usw., die nicht eine einzige, sondern viele Bedeutungen zulassen. Dann werden die Faktoren oder Elemente der Kultur auf vielfältige, oft groteske Weise neu kombiniert [...] Und aus den unvorhergesehenen Kombinationen vertrauter Elemente entsteht Neues" (Turner 1989, S. 40).

Für Turner eröffnet der im Ritual erzeugte Bruch mit dem Alltag einen *Reflexionsraum*, und zwar in einem doppelten Sinne. Zum einen reflektiert sich die Kultur in diesem rituellen Raum, wird in ihm gespiegelt. Ihre Regeln und Symbole treten deutlich hervor, weil sie ihre Eindeutigkeit verlieren; sie werden zur Kenntlichkeit verzerrt. Diese Verzerrung wiederum wird von den Teilnehmern am eigenen Leib erfahren. Sie erleben, dass die kulturellen Bedeutungen nicht stabil sind. Ihnen treten die kulturellen Bedeutungen in verdichteter Form entgegen, in einer unabweisbaren und doch verfremdeten Präsenz. Auf diese Weise, so Turner, werden die liminalen Subjekte „gezwungen [, ...] über die bisher als selbstverständlich erachteten kulturellen Erfahrungen nachzudenken – und zwar sehr genau nachzudenken" (Turner 1989, S. 64). Die liminale Phase des Übergangsrituals ist für Turner eine rituell erzeugte *Krise*, die kreative Energien freisetzt, da sie die Teilnehmer in jenen Zustand des „betwixt and between" versetzt, der sie zur Neuorientierung zwingt.

6.5 Liminalität

Es wird deutlich, dass Turners Modell der „Liminalität" auf ein allgemeines Schema zielt, das nicht auf Rituale in tribalen Kulturen beschränkt bleibt. Turner betont, dass die liminale Erfahrung der *communitas* im engeren Sinne nicht auf Dauer gestellt werden kann. Sie bleibt immer auf die Ordnung bezogen, von der sie ausgegrenzt wurde. Schließlich ist die Schwellenphase nur die Mitte der Übergangsrituale, die mit der Wiedereinordnung der Individuen, der *aggregation*, endet. Und doch sieht Turner in der *communitas* ein universelles Prinzip am Werk, das auch in modernen kulturellen Phänomenen sichtbar wird. Der Gegensatz zwischen der „Struktur" der kulturellen Ordnung und der „Anti-Struktur" der Liminalität ist allgemeiner Natur. Die sozialkulturelle Randposition wird zu einem Raum, von dem aus die herrschende Ordnung kritisch reflektiert und erneuert werden kann.

Turner zieht Parallelen zu religiösen Orden wie den Benediktinern, deren Gemeinschaftsregeln dieselben Grundzüge der *communitas* aufweisen, die Turner auf seinen afrikanischen Feldstudien isoliert hat: eine Gemeinschaft von Besitzlosen, selbst auferlegte Armut und Abstinenz, absoluter Gehorsam gegenüber den Oberen, Selbstdisziplin, Schweigegelübde (Turner 2009, S. 107). Die in den 1960er Jahren sich ausbildende amerikanische *counter culture* mit dem Aufblühen alternativer Gemeinschaftsformen ist für ihn auch ein vergleichbares Phänomen (vgl. dazu Bräunlein 2012, S. 55–59). Für Turner bestehen in den modernen Gesellschaften die kritische und die eher strukturfunktionalistische Variante der Liminalität nebeneinander: Kirchen, Sekten und religiöse Bewegungen, aber auch Studentenclubs und Freimaurerlogen bedienen sich klassischer Übergangsrituale und Initiationsriten; hier wird das Liminale stark eingegrenzt und dient vor allem der Reproduktion der bestehenden Ordnung. Doch in „Kunst, Sport, Freizeitbeschäftigungen, Spiele[n] usw" (Turner 1989, S. 87) wird die Liminalität oft zur Kritik der „Ungerechtigkeit, Ineffezienz und Unmoral der wirtschaftlichen und politischen Strukturen und Organisationen" (Turner 1989, S. 86). Mit der Liminalität glaubt Turner, ein Modell dafür gefunden zu haben, wie die kulturelle Ordnung sich von ihren Rändern, von Seiten der verfemten und zugleich faszinierenden Außenseiter, immer wieder erneuert.

Ein Punkt sollte hier noch hervorgehoben werden. In der bisherigen Darstellung ist betont worden, dass das Ritual „kreativ" wirkt, da es Neuorientierungen und eventuell sogar Neuordnungen erzeugen kann. Diese abstrakte Aussage bezieht sich vor allem auf das kulturtheoretische *Schema*, das Turners Analysen zugrunde liegt. Die Betonung der Kreativität und Produktivität sollte aber nicht vergessen lassen, dass die liminalen Zustände auch extrem destruktiv sein können. „Liminalität", so hebt Turner hervor, „kann der Schauplatz von Krankheit, Verzweiflung, Tod und Selbstmord, des Zusammenbruchs normativer, klar definierter sozialer Beziehungen und Bindungen sein, ohne daß neue Beziehungen dieser Art an ihre Stelle träten." Sie kann „Anomie, Entfremdung, Angst" bedeuten (Turner 1989, S. 72).

6.6 Rezeption und Kritik

Die hier vorgestellten Ritualtheorien von Durkheim und Turner sind längst Klassiker in ihrem Feld, die vielfältige Anregungen, Kritiken und Weiterentwicklungen erfahren haben. Eine ausführliche Würdigung dieser Rezeptionsgeschichte würde den Rahmen dieser Einführung sprengen. Im Folgenden soll vielmehr die Rezeption und die Kritik mit Rücksicht auf das Leitproblem dieses Buches fokussiert werden: Wie helfen uns die Ritualtheorien, die performative Kraft des Rituals zu verstehen?

In Bezug auf Durkheim ist festzustellen, dass er ein Grundschema vorstellt, dass vielfach kritisiert worden ist und doch immer wieder variiert und aufgegriffen wurde. Einer der Kritiker ist – zumindest seinem eigenen Selbstverständnis nach – Victor Turner selbst: Er wirft Durkheim vor, das Ritual zu mechanistisch zu sehen, als eine „Art von sozialem Allzweckkleber" (1989, S. 131).[6] Für Durkheim ist das Ritual selbst eine leere Form, die nur deshalb von Interesse ist, weil sie über den Weg der kollektiven Aufwallung die Gruppensolidarität konstituiert. Obgleich hier auf den ersten Blick von „Erfahrungen" die Rede ist, zeigt der Vergleich mit Turners Vorstellungen, dass das subjektive Erleben bei Durkheim letztlich völlig irrelevant ist. Es geht nicht um Krisen und Irritationen, sondern um die Produktion der „Effervenszenz". Die Metapher selbst zeigt bereits, dass der Prozess völlig automatisiert gedacht wird – die Teilnehmer am Ritual geraten demnach in derselben Art und Weise in Aufruhr wie chemische Reagenzien.

Gleichwohl ist die *Logik* von Durkheims Überlegungen gerade aus performativer Perspektive interessant. Für Durkheim ist das Ritual die Bedingung dafür, dass allgemeinverbindliche Bedeutungen entstehen. Einige evolutionstheoretische Ansätze haben versucht, dieses Schema zu einer allgemeinen Theorie der Sprachentwicklung auszuweiten: Demnach hat erst die kulturelle Praxis des Rituals die Stabilität und den Rahmen geschaffen, in denen die Praxis des Umgangs mit abstrakten Zeichen erwachsen konnte (vgl. Deacon 1997, Bellah 2005, Allen 2004, S. 199 f.).

Interessant sind diese Spekulationen hier vor allem deshalb, weil sie im Grunde eine performative Theorie der Sprache vertreten, die sehr an Derridas Position erinnert. Beide argumentieren, dass *am Anfang* die Wiederholung steht. Sie erst ver-

---

[6] Turner zitiert hier einen Ausdruck von Robert Horton.

6.6 Rezeption und Kritik

festigt die Zeichen so, dass sie eine erkennbare Kontur annehmen und „zitierfähig" werden. So gesehen unterscheiden sich Derrida und Durkheim vor allem darin, dass Derrida diese Logik – ganz in der Tradition sprachphilosophischen Denkens – absolut setzt, während Durkheim sie anthropologisch fundiert. Freilich ist das ein Unterschied, der aufs Ganze zielt: Derridas *Apriori* der Iterabilität erlaubt keine evolutionstheoretische Fundierung in der Biologie des Gattungswesens Mensch.

Während Durkheim (u. a.) ein zu blutarmes Verständnis des Rituals vorgeworfen werden kann, trifft Turner der umgekehrte Vorwurf, seine Beschreibung der liminalen Phase zu stark zu subjektivieren. Turners Ritualtheorie feiert die Kreativität und imaginative Kraft des rituellen Subjekts, sein Erleben. Doch trifft das wirklich zu? Ein immer wieder geäußerter Kritikpunkt an Turners Sicht auf die Übergangsrituale ist, dass er den Zwang und die Gewalt verkennt, die in ihnen ausgeübt werden (Grimes 1990). Während Turner vor allem kreative Energien sieht, beobachten andere Autoren in Übergangsritualen eine geradezu brutale Machtausübung der herrschenden Ordnung. Turner selbst beschreibt die Demütigungen, denen die rituellen Subjekte ausgesetzt sind, räumt ihnen aber keinen umfassenden Platz ein. Aus kritischer Perspektive führen die auch von Turner behandelten Reife- und Initiationsriten dagegen zu einem „gezielten Aufbau eines lang anhaltenden Schockzustandes" (Bräunlein 2012, S. 160), der dazu dienen soll, die Erinnerung an diesen Übergang – und damit die Macht der aufnehmenden Ordnung – ein Leben lang zu bewahren.

Gerade Turners Betonung der schöpferischen Seite des Rituals hat jedoch maßgeblich zu der Verbreitung seiner Theorie beigetragen. Einprägsam und anregend ist seine Formel des „betwixt and between", mit der er den Zustand der Verwirrung bezeichnet, die sich daraus ergibt, dass die gewöhnlichen Wahrnehmungen und Verhaltensweisen gleichsam außer Kraft gesetzt worden sind und die Subjekte sich in jenem Raum des „Zwischen" wiederfinden, in dem keine Eindeutigkeit mehr herrscht. Im Kontext der Theorien des Performativen ist hier vor allem Erika Fischer-Lichte (Fischer-Lichte 2001, 2012) zu erwähnen, die Turners Ritualtheorie für eine Theorie ästhetischer Erfahrung fruchtbar macht. Sie greift das Konzept der Schwellenerfahrung auf und überträgt es auf die Aufführungen, die Akademikern – meistens Stadtbewohner – wohl am bekanntesten sind: theatrale *performances*, durchaus auch im Sinne des „postdramatischen Theaters" (Lehmann 1999), das die klassischen Formen der Aufführung sprengt und den Zuschauer als Sinnproduzenten aktiv mit einbezieht.

Fischer-Lichte sieht eine starke Analogie zwischen der rituellen Grenzerfahrung und der Theateraufführung: In beiden Fällen wird ein starkes Gemeinschaftsgefühl erzeugt, meist durch explizite Grenzziehung zum Alltag, um dann im Anschluss die Teilnehmer (also im Falle des Theaters: die Zuschauer) mit vieldeutigen und uneindeutigen Zeichen und Symbolen zu konfrontieren. Das Turner'sche Kernmotiv der *Vieldeutigkeit* der Symbole in der liminalen Phase kann auf diese Weise auf künstlerische Darstellungen übertragen werden. Gerade im Gegenwartstheater und in *performances* wird aktiv versucht, eine Sphäre des „betwixt and between" zu produzieren, die den Zuschauer nicht nur mit vieldeutigen Symbolen auf der Bühne, sondern tiefergehend noch mit seiner eigenen Rolle, seinen Erwartungen und Wahrnehmungskonventionen konfrontiert. Hier wird also aktiv versucht, eine liminale Erfahrung zu konstruieren.

Die eigentliche ästhetische Erfahrung der Aufführung besteht nach Fischer-Lichte (2001, S. 350) darin, *im Prozess* der Teilnahme an ihr die vieldeutigen Symbole mit Bedeutung zu belegen und mit den Uneindeutigkeiten umzugehen, mit denen man konfrontiert wird. Dieser Prozess ist, wie Fischer-Lichte betont, selbst nicht rein kognitiv, sondern betrifft die ganze Person. In diesem Sinne führt die Analogie zur rituellen Schwellenerfahrung zu dem Schluss, dass Aufführungen den Rezipienten „Erfahrungen [ermöglichen], die denjenigen, der sie durchläuft, zu einer Transformation führen kann – nicht muß!" (Fischer-Lichte 2001, S. 349) Wenn die Transformation stattgefunden hat, lässt sich sagen, dass dieser Prozess unsere leitende Definition des Performativen voll erfüllt: Es war eine Strukturierung im Vollzug, basierend auf der (hier: ästhetischen) Eigenlogik der Aufführung.

6.7 Literaturhinweise

- Das Kapitel über Durkheim in Hubert Knoblauchs Übersichtsband zur Religionssoziologie (Knoblauch 1999) bietet eine klare und gut verständliche Darstellung von Durkheims Position mit dem Fokus, der auch hier leitend war. Aktuellere vertiefende Forschungen zu Einzelfragen – unter anderem zu dem Thema „Ritual" – finden sich in Alexander und Smith (2005).
- Für eine vertiefende Lektüre zu Victor Turner ist vor allem das Buch von Peter Bräunlein (Bräunlein 2012) zu empfehlen, das auf gut lesbare Weise die Biographie und die intellektuelle Entwicklung Victor Turners in ihrer wechselseitigen Verbindung vorstellt. Eine kompakte Darstellung u. a. auch der Ethnologie Turners bietet das von Sylvia M. Schomburg-Scherff verfasste Nachwort zur deutschen Übersetzung von Arnold van Genneps Übergangsriten (van Gennep 1999, S. 233–256).

Schlussbetrachtung 7

Diese Einführung in die Theorieperspektive des „Performativen" begann mit der Feststellung, dass die Ansätze und Theorien, die sich des Wortes „performativ" bedienen, darunter keineswegs dasselbe verstehen. Angesichts der Vielfalt der Ansätze wurde vorgeschlagen, von einer „Familienähnlichkeit" zu reden. Wittgenstein, der diese Metapher einführte, bezeichnet damit Ähnlichkeiten zwischen einzelnen „Gliedern einer Familie", die sich „übergreifen und kreuzen" (Wittgenstein 1971, S. 67). Der Witz dieses Bildes wird leicht übersehen. Auf der einen Seite erinnert es an die Möglichkeit, ganz verschiedene Ähnlichkeiten zwischen den Mitgliedern einer Familie festzustellen: Hier gleichen sich die Augen, dort der Zug um die Nase, hier das Naturell der betreffenden Personen. Aber dennoch ist für Wittgenstein in diesen vielfältigen Vergleichen die verbindende Zugehörigkeit zu einer Familie erkennbar. Auf den naheliegenden Einwand, dass eine solche gemeinsame Kontur doch bestenfalls eine Illusion ist, weil die Ähnlichkeiten ja nicht auf einem *allen* gemeinsamen Element beruhen, das den Zusammenhalt stiftet, antwortet Wittgenstein mit einem weiteren Bild: „die Stärke des Fadens liegt hier nicht darin, daß irgend eine Faser durch seine ganze Länge läuft, sondern darin, daß viele Fasern ineinander übergreifen" (ebd.).

Wir sind im Text einigen Mitgliedern der Familie performativer Kulturtheorien begegnet. Wie stark hält nun die Faser zusammen, die sie mit ihren Ähnlichkeiten bilden, die ineinander übergreifen und sich kreuzen? Welche gemeinsame Kontur hat sich in dieser Übersicht herausgebildet?

Aus einiger Distanz betrachtet zeigt sich, dass der Begriff des „Performativen" insbesondere dort seine Stärken zu entfalten beginnt, wo es um das Problem geht, *wie Neues entsteht*. Wieder lässt sich dieser Grundgedanke bereits in Austins paradigmatischem „Urtext" über das Performative finden. Die Frage, wie mit Wörtern etwas getan wird (so der englische Originaltitel: *How to do things with words*) ist die Frage danach, wie Wörter *neue* Sachverhalte in die Welt setzen können. In der von Austin ursprünglich vorgenommenen Trennung zweier Gattungen von Sprechakten, den feststellenden „Konstativa" und den unmittelbar wirkenden „Performativa", manifestiert sich das Problem des Neuen in aller Deutlichkeit. Der konstative Sprachgebrauch ist passiv und unkreativ, da er an die bereits bestehenden Sachverhalte gebunden bleibt; er stellt nur fest, ändert aber nichts. Wie anders verhalten sich dagegen performative Äußerungen! Sie lösen sich von der Bindung an das Bestehende und können neue Sachverhalte schaffen. Sie sind frei, in die Welt einzugreifen, anstatt sie bloß konstatierend wiederzugeben.

Das Performative ist für die Philosophie, Soziologie und Kulturtheorie so interessant, weil es versucht, Vollzüge *für sich* stehen zu lassen und ihnen keine Erklärung überzustülpen, die suggeriert, dass in ihnen *eigentlich* eine andere Kraft oder Autorität am Werk ist. Wir hatten dieses Merkmal bereits in der Einleitung zur „performativen Wende" der Kulturtheorie vorgestellt: performative Vollzüge erzielen ihre spezifische Struktur gleichsam ohne die Rückendeckung einer absichernden Struktur. Daraus resultiert eine Spannung, die in den Einzelstudien immer wieder hervortrat. Mit Derrida kann sie als die Spannung zwischen dem einzelnen Vollzug (oder Zeichen) und seinem strukturierenden Kontext beschrieben werden; griffiger ist Turners Gegensatz von „Struktur" und „Anti-Struktur". Das Grundproblem der performativen Perspektive, ihr entscheidendes Thema, ist somit gerade die performative *Strukturierung*. Wie wirken sich die Einzelvollzüge auf die kulturelle Ordnung aus? Wie beeinflusst umgekehrt die kulturelle Ordnung die Einzelvollzüge? Die Antworten der hier diskutierten Autoren fallen anders aus, schon allein deshalb, weil diese Dynamik teils auf der Ebene der Bedeutungen situiert wird, teils auf der Ebene des Sozialen, teils im unmittelbaren individuellen Erleben. Doch sie zeichnet alle Mitglieder der Familie performativer Kulturtheoretiker aus.

Im Rückblick auf die Einzelstudien lässt sich feststellen, dass die Suche nach einer „ungedeckten" Eigenlogik des Vollzugs sowohl die Schwächen als auch die Stärken performativ orientierter Kulturtheorien erhellt. Zu den Stärken gehört sicherlich die in allen Theorien beobachtbare Aufwertung der ästhetischen Dimension des Kulturellen. Die performative „Magie", wie Bourdieu es nennt, ereignet sich in konkreten Situationen, *in denen* bestimmte Vollzüge ihre Wirkungen erzielen. Der Verzicht darauf, diese Wirkung gleich einem übergeordneten sozialem oder diskursivem Mechanismus zu unterstellen, schärft die Aufmerksamkeit für die Art und Weise, in der sich die Individuen begegnen. Der Blick wird frei für scheinbar Nebensächliches – für Gesten etwa, für Wahrnehmungen und für Körperhaltungen. Neben den konkreten Zeichen rückt daher der Stil in den Vordergrund, die Art und Weise, *wie* Zeichen gebraucht werden.

Der *Aufführungscharakter* sozialer Begegnungen durchzieht alle hier diskutierten Theorien, und zwar gerade in dem von der Theaterwissenschaft aufgegriffenen

7 Schlussbetrachtung

Sinn, dass es nicht nur auf die Zeichen ankommt, auf das Skript, sondern auch auf den flüchtigen und situationsgebundenen Einsatz dieser Zeichen. Ohne diese Verschiebung der Aufmerksamkeit könnte Butler nicht in der Travestie eine irritierende subversive Kraft entdecken (4.3), eine Irritation durch Vieldeutigkeit, die für Turner den Zustand der Liminalität nachgerade definiert (6.3). Bourdieu erkennt im Stil die soziale Form, mit der die soziale „Delegation" – also die legitime Autorität – ausgedrückt wird, oft auch körperlich (5.3). Und nicht zuletzt sieht sich Austin durch seine Entdeckung der performativen Wirkung von Sprechakten gezwungen, die dramatische Struktur von Sprechhandlungen in den Blick zu nehmen: Seine Analyse der Logik des Misslingens von Sprechakten ist voller Beispiele, in denen auf den ersten Blick feststehende, klare Bedeutungen durch den Lauf der Ereignisse irritiert, ja konterkariert werden. Austins Vorlesung *How to do things with words*, in deren Verlauf die ursprünglich klare Klassifikation von „Konstativa" und „Perfomativa" kollabiert, ist ja selbst ein Beispiel für ein solches Misslingen (vgl. Austin 1994, S. 30–31).

Diese Stärke performativer Kulturtheorien – die gleichsam phänomenologische Aufmerksamkeit für die konkrete Form kultureller Prozesse – erklärt zugleich auch ihre schwache Seite. Die Aufwertung der flüchtigen, performativen Momente der kulturellen Aufführung kann sich in eine Feier des Kreativen und der Offenheit verlieren, die dazu neigt, die harte Realität der Struktur auszublenden. Charakteristisch für eine solche Haltung ist sicherlich Turners emphatische Beschreibung der kreativen Energie der *communitas,* die keinen Blick hat für die Gewalt und Brutalität, die in Übergangsriten auch am Werk ist (vgl. 6.6).

Hier handelt es sich nicht einfach um eine idiosynkratische Unaufmerksamkeit. Das Problem ist struktureller Natur, es entspringt der behaupteten Offenheit performativer Vollzüge: Gerade weil hinter ihnen keine lenkende Gewalt steht, muss ihre performative Kreativität weitestgehend unbestimmt bleiben. Performative Vollzüge weisen einen „Eigensinn" auf. Ob und wie sie „glücken", bleibt bis zu einem gewissen Grad – der von den jeweiligen Theorien unterschiedlich eingeschätzt wird – der Situation selbst überlassen. Aus der Sicht der Ästhetik (Fischer-Lichte 2001) stellt die konstitutive Unabgeschlossenheit des Performativen einen Glücksfall dar; hier trifft sich die postmoderne Theorie mit dem postmodernen Theater. Aus politischer Perspektive bleibt diese Offenheit problematisch.

Paradigmatisch für das Problem, das sich durch diese Haltung stellt, ist die von Bourdieu geäußerte Kritik an Butler und anderen dekonstruktiven Theorien. Er wirft ihnen vor, nur eine performative „Feier" des Widerstands zu betreiben, anstatt diesem theoretisch fundierte Angriffspunkte zu bieten (Bourdieu 2004, S. 139). Wir haben gesehen, dass Bourdieus eigener objektivistischer Ansatz selbst nicht unbedingt eine attraktive Alternative ist, da sie die Spaltung zwischen dem subjektiven Erleben der sozialen Situation und ihrer objektiven Einbettung durch den Soziologen unversöhnlich vorantreibt (vgl. 5.5). Für Bourdieu sind die Akteure immer in einer sozialen *illusio* befangen und verkennen ihre eigene Realität, solange sie nicht zu den Mitteln der wissenschaftlichen Objektivierung und Reflexion greifen. Gerade gegen eine solche Haltung richtet sich Butlers Theorie. Sie setzt die performative Logik der Zitation ein, um den bei Bourdieu immer wieder sich aufdrängenden Eindruck erst gar nicht aufkommen zu lassen, dass die kulturelle Ordnung ihre Subjekte in eine Zwangsjacke steckt.

Die Schwierigkeit, aus performativer Perspektive zu belastbaren Schlüssen über den „Kontext" zu kommen, ist somit eine Folge der von vielen Theoretikern bewusst betonten Doppelnatur des Performativen. Turner hebt hervor, dass die Schwellenphase kreative Energien *und* Selbstmord zur Folge haben kann; Butlers subversive Transformation ist nach dekonstruktiver Logik immer auch der Beginn einer neuen Norm. Diese Zwiespältigkeit führt konsequent das Motiv aus, den performativen Vollzügen keine abschließende Norm zu unterlegen. Sie zeigt aber deutlich, dass ein Abrücken von der Logik übergeordnet steuernder Verhältnisse Gefahr läuft, an die Stelle einer konkreten Analyse der Mechanismen kultureller Ordnungsbildung nur noch die *Hoffnung* auf ‚bessere Verhältnisse' zu setzen und in der Zwischenzeit sich in der von Bourdieu beklagten „Feier" des Offenen und Kreativen zu verlieren.

Die Opposition von Butler und Bourdieu, wie sie hier rekonstruiert wurde, sollte als Indiz eines typischen Spannungsverhältnisses gesehen werden. Die Logik des Performativen lässt sich nicht beliebig weit treiben; irgendwann werden Kontexte nötig, um die *konkrete* Strukturierungsleistung theoretisch betrachteter performativer Akte zu beschreiben. Butlers Analyse weicht, wie wir gesehen haben, vor diesem Schritt der Konkretisierung zurück. Daher muss sie die Offenheit und Doppelgesichtigkeit performativer Vollzüge in Kauf nehmen. Umgekehrt wirkt Bourdieus Logik des Sozialen überdeterminiert; die empirische Rückbindung zeichnet ein Bild, das *nur noch* die Strukturierungsleistung erkennen lässt und die performative „Magie" an die Seite drängt. Vielleicht ist die realistischste Position die des Ritualtheoretikers, der versucht, in den zeitlichen Verlauf des rituellen Prozesses *beide* Seiten, die Mehrdeutigkeit des Performativen und die Eindeutigkeit der Struktur, zu integrieren.

Literatur

Ahrens, Jörn. 2012. *Wie aus Wildnis Gesellschaft wird.* Wiesbaden: VS Verlag für Sozialwissenschaften.
Alexander, Jeffrey C., und Smith, Philip, Hrsg. 2005. *The Cambridge companion to durkheim.* Cambridge.
Allen, Barry. 2004. *Knowledge and civilization.* Boulder.
Apel, Karl-Otto. 1973. *Sprachanalytik, Semiotik, Hermeneutik.* Frankfurt a. M.
Austin, John L. 1970. *Philosophical papers*, Hrsg. v. James O. Urmson, 2. Aufl. Oxford.
Austin, John L. 1972. *Zur Theorie der Sprechakte.* Stuttgart.
Austin, John L. 1994. *How to do things with words*, 14. Aufl. Cambridge.
Bachmann-Medick, Doris. 2010. *Cultural turns: Neuorientierungen in den Kulturwissenschaften.* 4. rev. Aufl. Reinbek.
Bellah, Robert. 2005. „Durkheim and ritual", In *The Cambridge companion to durkheim*, Hrsg. Jeffrey C. Alexander und Philip Smith, 181–210. Cambridge.
Bertram, Georg; Lauer, David; Liptow, Jasper, und Seel, Martin. 2008. *In der Welt der Sprache. Konsequenzen des semantischen Holismus.* Frankfurt a. M.
Bittlingmeyer, Uwe, und Bauer, Ulrich. 2009. „Herrschaft". In *Bourdieu-Handbuch: Leben, Werk, Wirkung*, Hrsg. Boike Rehbein und Gerhard Fröhlich, 118–124. Stuttgart u. a.
Black, Max. 1963. „Austin on Performatives". *Philosophy* 38 (145): 217–226.
Boehm, Gottfried. Hrsg. 2006. *Was ist ein Bild?*, 4. Aufl. München.
Böhme, Hartmut, Matussek, Peter, und Müller, Lothar. 2000. *Orientierung Kulturwissenschaft: was sie kann, was sie will.* Reinbek.
Boltanski, Luc. 2010. *Soziologie und Sozialkritik: Frankfurter Adorno-Vorlesungen 2008.* Berlin.
Bourdieu, Pierre. 1987. *Sozialer Sinn: Kritik der theoretischen Vernunft.* Frankfurt a. M.
Bourdieu, Pierre. 1990. *Was heisst sprechen?: die Ökonomie des sprachlichen Tausches*, Wien.
Bourdieu, Pierre. 2002. *Ein soziologischer Selbstversuch*, Frankfurt a. M.
Bourdieu, Pierre. 2004. *Meditationen: zur Kritik der scholastischen Vernunft*, Frankfurt a. M.
Bourdieu, Pierre, und Wacquant, Loïc J. D. 1996. *Reflexive Anthropologie.* Frankfurt a. M.
Bräunlein, Peter J. 2012. *Zur Aktualität von Victor W. Turner Einleitung in sein Werk.* Wiesbaden.
Butler, Judith. 1988. „Performative Acts and Gender Constitution: An Essay in Phenomenology and Feminist Theory". *Theatre Journal* 40 (4): 519–531.
Butler, Judith. 1990. *Gender Trouble: Feminism and the Subversion of Identity.* New York u. a.
Butler, Judith. 1991. *Das Unbehagen der Geschlechter.* Frankfurt a. M.

Butler, Judith. 1995. *Körper von Gewicht: die diskursiven Grenzen des Geschlechts*. Berlin.
Carlson, Marvin A. 1996. *Performance: a Critical Introduction*. London u. a.
Cavell, Stanley. 2002. *Die andere Stimme: Philosophie und Autobiographie*. Berlin.
Celikates, Robin. 2009. *Kritik als soziale Praxis: gesellschaftliche Selbstverständigung und kritische Theorie*. Frankfurt a. M.
Deacon, Terrence William. 1997. *The Symbolic Species: The Co-evolution of Language and the Brain*. New York.
Derrida, Jacques. 2001. „Signatur Ereignis Kontext", In *Limited Inc.* ders., 15–46. Wien.
Dewey, John. 2001. *Die Suche nach Gewissheit*. Suhrkamp: Frankfurt a. M.
Dewey, John. 2004. *Erfahrung, Erkenntnis und Wert*, Frankfurt a. M.
Diaz-Bone, Rainer, Hrsg. 2011. *Soziologie der Konventionen: Grundlagen einer pragmatischen Anthropologie*. Frankfurt a. M.
Duden, Barbara. 1993. „Die Frau ohne Unterleib. Zu Judith Butlers Entkörperung." *Feministische Studien* 11 (2): 24–32.
Durkheim, Émile. 1995. *Die Methode der Soziologie*. 3. Aufl. Frankfurt a. M.
Durkheim, Émile. 2001. *Die elementaren Formen des religiösen Lebens*. 3. Aufl. Frankfurt a. M.
Endreß, Martin. 2012. *Soziologische Theorien kompakt*. München.
Felman, Shoshana. 2003. *The Scandal of the Speaking Body: Don Juan with J. L. Austin, or Seduction in Two Languages*. Stanford.
Fischer-Lichte, Erika. 2001. *Ästhetische Erfahrung: das Semiotische und das Performative*. Tübingen u. a.
Fischer-Lichte, Erika. 2003. „Theater als Modell für eine Ästhetik des Performativen". In *Performativität und Praxis*, Hrsg. Jens Kertscher und Dieter Mersch, 97–112. München.
Fischer-Lichte, Erika et al. Hrsg. 2012. *Die Aufführung*. München.
Foucault, Michel. 2001. *In Verteidigung der Gesellschaft: Vorlesungen am Collège de France (1975-76)*. Frankfurt a. M.
Frazer, James George. 1950. *The golden bough: A study in magic and religion*. überarb. Aufl. London u. a.
Gebauer, Gunter, und Krais, Beate 2002. *Habitus*. Bielefeld.
Gebauer, Gunter, und Wulf, Christoph . 1998. *Spiel – Ritual – Geste. Mimetisches Handeln in der sozialen Welt*. Reinbek.
Geertz, Clifford. 1983. „Dichte Beschreibung", In *Dichte Beschreibung. Beiträge zum Verstehen kultureller Systeme*, ders., 7–43. Frankfurt a. M.
Gelhard, Andreas. 2011. *Kritik der Kompetenz*. Zürich.
Gimmler, Antje. 2008. „Nicht-epistemologische Erfahrung, Artefakte und Praktiken. Vorüberlegungen zu einer pragmatischen Sozialtheorie.", In Hrsg. Andreas Hetzel, 141–157. *Pragmatismus – Philosophie der Zukunft?*, Weilerswist.
Godfrey-Smith, Peter. 2003. *Theory and Reality: An Introduction to the Philosophy of Science*, Chicago.
Goffman, Erving. 1959. *The Presentation of Self in Everyday Life*. New York u. a.
Goffman, Erving. 1967. *Interaction Ritual: Essays in Face-to-face Behavior*, Chicago/Ill.
Goffman, Erving. 1969. *Wir alle spielen Theater: die Selbstdarstellung im Alltag*, München.
Grimes, Ronald L. 1990. Victor Turner's Definition, Theory and Sense of Ritual. In *Victor Turner and the construction of cultural criticism: between literature and anthropology*, Hrsg. Kathleen Ashley, 141–146. Bloomington u.a.
Habermas, Jürgen. 1988. *Handlungsrationalität und gesellschaftliche Rationalisierung*. Frankfurt a. M.

Heidegger, Martin. 1979. *Sein und Zeit*. Tübingen.
Hempfer, Klaus W. 2011. „Performance, Performanz, Performativität. Einige Unterscheidungen zur Ausdifferenzierung eines Theoriefeldes." In *Theorien des Performativen*, Hrsg. ders. und Jörg Volbers, 13–42. Bielefeld.
Hempfer, Klaus W., und Volbers, Jörg, Hrsg. 2011. *Theorien des Performativen: Sprache – Wissen – Praxis; eine kritische Bestandsaufnahme*. Bielefeld.
Honneth, Axel. 1995. *Kritik der Macht*. Frankfurt a. M.
Kertscher, Jens. 2003. „Wittgenstein – Austin – Derrida: ‚Performativität' in der sprachphilosophischen Diskussion". In *Performativität und Praxis*, Hrsg. Jens Kertscher und Dieter Mersch, 35–58. München.
Kertscher, Jens, und Mersch, Dieter, Hrsg. 2003. *Performativität und Praxis*. München.
Khurana, Thomas. 2007. *Sinn und Gedächtnis: Die Zeitlichkeit des Sinns und die Figuren ihrer Reflexion*. Paderborn.
Knape, Joachim. 2000. *Allgemeine Rhetorik: Stationen der Theoriegeschichte*. Stuttgart.
Kleiner, Marcus S. 2013. „Populäre Kulturen, Popkulturen, Populäre Medienkulturen als missing link im Diskurs zur Performativität von Kulturen und Kulturen des Performativen." In *Performativität und Medialität Populärer Kulturen*, 13–48. Wiesbaden.
Knoblauch, Hubert. 1999. *Religionssoziologie*. Berlin.
Kotte, Andreas. 2005. *Theaterwissenschaft: eine Einführung*. Köln u. a.
Krämer, Sybille. 2003. „Was tut Austin, indem er über das Performative spricht? Ein anderer Blick auf die Anfänge der Sprechakttheorie.". In *Performativität und Praxis*, Hrsg. Jens Kertscher und Dieter Mersch, 19–33. München.
Lagaay, Alice. 2001. *Metaphysics of Performance: Performance, Performativity and the Relation between Theatre and Philosophy*. Berlin.
Latour, Bruno. 2000. *Die Hoffnung der Pandora: Untersuchungen zur Wirklichkeit der Wissenschaft*. Frankfurt a. M.
Lehmann, Hans-Thies. 1999. *Postdramatisches Theater*. Frankfurt a. M.
Mehlmann, Sabine. 2006. *Unzuverlässige Körper: Zur Diskursgeschichte des Konzepts geschlechtlicher Identität*. Sulzbach.
Mersch, Dieter. 2002. *Was sich zeigt: Materialität, Präsenz, Ereignis*. München.
Mersch, Dieter. 2003. „Ereignis und Respons – Elemente zu einer Theorie des Performativen". In *Performativität und Praxis*, Hrsg Jens Kertscher und Dieter Mersch, 69–96. München.
Michaels, Axel. 1999. „‚Le rituel pour le rituel' oder wie sinnlos sind Rituale?", In *Rituale heute: Theorien, Kontroversen, Entwürfe*, 23–48. Berlin.
Moebius, Stephan. 2009. *Kultur*. Bielefeld.
Müller-Mall. 2012. *Performative Rechtserzeugung*. Weilerswist.
Nagel, Thomas. 1986. *The view from nowhere*. New York u. a.
Nünning, Ansgar, und Nünning, Vera, Hrsg. 2008. *Einführung in die Kulturwissenschaften: theoretische Grundlagen – Ansätze —Perspektiven*. Stuttgart u. a.
Rappaport, Roy A. 1999. *Ritual and Religion in the Making of Humanity*. Cambridge.
Reckwitz, Andreas. 2006. *Die Transformation der Kulturtheorien: zur Entwicklung eines Theorieprogramms*. Weilerswist.
Redecker, Eva von. 2011. *Zur Aktualität von Judith Butler: Einleitung in ihr Werk*. Wiesbaden.
Rehbein, Boike, und Fröhlich, Gerhard, Hrsg. 2009. *Bourdieu-Handbuch: Leben, Werk, Wirkung*. Stuttgart u. a.
Rehbein, Boike, und Saarmann, Gernot . 2009. „Feld", in *Bourdieu-Handbuch: Leben, Werk, Wirkung*, Hrsg. Boike Rehbein und Gerhard Fröhlich, 99–103. Stuttgart u. a.

Rheinberger, Hans-Jörg. 2007. *Historische Epistemologie zur Einführung*. Hamburg.
Rölli, Marc. 2012. Pragmatismus – moderate und radikale Versionen. *Philosophische Rundschau* 59:26–49.
Searle, John R. 1969. *Speech Acts: An Essay in the Philosophy of Language*. Cambridge.
Seel, Martin. 2004. „Dialektik des Erhabenen. Kommentare zur ‚ästhetischen Barbarei heute'", In *Adornos Philosophie der Kontemplation*, Hrsg. ders., 117–155. Frankfurt a. M.
Singer, Milton. 1955. „The Cultural Pattern of Indian Civilization: A Preliminary Report of a Methodological Field Study". *The Journal of Asian Studies* 15 (01): 23–36.
Sonderegger, Ruth. 2009. „Wie diszipliniert ist (Ideologie-)Kritik? Zwischen Philosophie, Soziologie und Kunst". In *Was ist Kritik?*, Hrsg. Rahel Jaeggi und Tilo Wesche, 55–80. Frankfurt a. M.
Tkaczyk, Viktoria. 2011. „Performativität und Wissen(schafts)geschichte". In *Theorien des Performativen*, Hrsg. Klaus W. Hempfer und Jörg Volbers, 115–140. Bielefeld.
Tolstoi, Leo. 1985. *Krieg und Frieden*. Darmstadt.
Turner, Victor. 1988. *The Anthropology of Performance*. New York.
Turner, Victor. 1989. *Vom Ritual zum Theater: der Ernst des menschlichen Spiels*, Frankfurt a. M.
Turner, Victor. 2009. *The Ritual Process: Structure and Anti-structure*, 2. rev. Aufl. New Brunswick u. a.
van Gennep, Arnold. 1999. *Übergangsriten*. Frankfurt a. M.
Villa, Paula-Irene. 2008. „(De)Konstruktion und Diskurs-Genealogie: Zur Position und Rezeption von Judith Butler". In *Handbuch Frauen- und Geschlechterforschung*, Wiesbaden, Hrsg. Ruth Becker und Beate Kortendiek, 146–158.
Villa, Paula-Irene. 2011a. *Sexy bodies: eine soziologische Reise durch den Geschlechtskörper*, 4. Aufl. Wiesbaden.
Villa, Paula-Irene. 2011b. *Judith Butler: eine Einführung*, 2., akt. Aufl. Frankfurt a. M.
Volbers, Jörg. 2011. „Diesseits von Sagen und Zeigen. Eine praxistheoretische Kritik des Unsagbaren.". In *Theorien des Performativen: Sprache – Wissen —Praxis; eine kritische Bestandsaufnahme*, Hrsg. Klaus W. Hempfer und Jörg Volbers, 197–220. Bielefeld.
Wirth, Uwe, Hrsg. 2002. *Performanz: Zwischen Sprachphilosophie und Kulturwissenschaften*. Frankfurt a. M.
Wittgenstein, Ludwig. 1971. *Philosophische Untersuchungen*. Frankfurt a. M.

The manufacturer's authorised representative in the EU is Springer Nature Customer Service Centre GmbH, Europaplatz 3, 69115 Heidelberg, Germany. If you have any concerns regarding our products, please contact ProductSafety@springernature.com

Printed and bound by CPI Group (UK) Ltd, Croydon, CR0 4YY
23/03/2026
02076395-0002